U0650698

销售精英
三合一进阶手册

心理常识 + 财务常识 + 数据量化管理

曾 增——编著

中国铁道出版社有限公司
CHINA RAILWAY PUBLISHING HOUSE CO., LTD.

2024年·北京

图书在版编目（CIP）数据

销售精英三合一进阶手册：心理常识+财务常识+数据量化
管理/曾增编著.—北京：中国铁道出版社有限公司，2024.4
ISBN 978-7-113-30968-8

I.①销… II.①曾… III.①销售-手册 IV.①F713.3-62

中国国家版本馆CIP数据核字（2023）第250576号

书　　名：销售精英三合一进阶手册（心理常识＋财务常识＋数据量化管理）
XIAOSHOU JINGYING SAN HE YI JINJIE SHOUCE （XINLI CHANGSHI+CAIWU
CHANGSHI+SHUJU LIANGHUA GUANLI）

作　　者：曾　增

责任编辑：王　佩　　　编辑部电话：（010）51873022　　　电子邮箱：505733396@qq.com
封面设计：宿　萌
责任校对：刘　畅
责任印制：赵星辰

出版发行：中国铁道出版社有限公司（100054，北京市西城区右安门西街8号）
印　　刷：北京联兴盛业印刷股份有限公司
版　　次：2024年4月第1版　2024年4月第1次印刷
开　　本：710 mm×1 000 mm　1/16　印张：14.5　字数：199千
书　　号：ISBN 978-7-113-30968-8
定　　价：69.80元

版权所有　侵权必究

凡购买铁道版图书，如有印制质量问题，请与本社读者服务部联系调换。电话：（010）51873174
打击盗版举报电话：（010）63549461

前言

对于企业而言，销售人员至关重要，他们关系着企业的经营和发展。销售人员的工作看似简单，但是要想成为一名优秀的销售人员，甚至是销售精英，除了需要掌握销售技巧之外，还需要掌握其他相关的技能，例如心理常识、财务常识和数据量化管理常识。

但在实际工作中，很多销售人员并不重视相关技能的提升，导致销售活动开展不顺利，或是销售目标难以达成，自己在企业中也难以获得成长。如果销售人员认识不到自身存在的不足，不及时进行改进，那么终将难以进步。

对于一名优秀的销售人员来说，应当如何全方位提升自己的工作能力呢？首先应从心理出发端正心态，了解客户的想法；其次，了解财务相关知识提升效率，避免操作不当造成财务问题；最后，掌握 Excel 数据量化管理技能提高数据分析、处理能力。为了帮助销售人员在这些方面获得提升，成为企业的销售精英，我们编写了这本书。

本书共十章，可分为三部分：

◎ 第一部分：第 1 ～ 3 章

> 这一部分介绍销售人员工作中应当掌握的一些心理常识，销售人员应从心理出发，了解客户，发掘客户内心需求，提高成交率。

◎ 第二部分：第 4 ～ 6 章

> 这一部分主要介绍销售人员在日常工作和销售活动中可能会涉及的财务基本常识，包括税务、票据等方面的知识，避免销售人员因为缺乏财务知识给企业造成不必要的损失。

◎ 第三部分：第 7 ～ 10 章

> 这一部分主要介绍销售人员在日常工作和销售活动中应当掌握的 Excel 数据量化和数据处理知识。这部分的内容涉及对销售活动中各种数据的分析与处理，帮助销售人员提高自身能力。

本书内容通俗、结构清晰，主要从销售人员需要掌握的心理常识、财务常识和数据量化管理知识三方面入手，让销售人员能够全方面提升自己的工作能力。在行文过程中配合使用了大量图表进行内容展示，在介绍数据量化管理知识的部分更是通过大量的图示，帮助理解，特别适合职场中的各类销售人员以及想要从事销售工作的读者，对销售和数据量化管理知识感兴趣的读者也可以从中获得有用的知识。

希望所有读者能从本书中获得需要的知识，成为优秀的销售人员。由于编者能力有限，书中内容不完善的地方在所难免，希望获得读者的指正。

编　者

目录

第3章 如何精准把控客户购买心理促成交易

第4章　销售人员不能不知的财务常识

第5章　销售活动中涉及的财务分析

第 7 章　销售基础数据的储存与整理

第 8 章　汇总与管理销售数据的方法

第9章　利用图表直观展示数据分析结果

第 10 章　透视分析和展示销售数据

第 **1** 章

做好成为销售员的心理准备

我们知道,销售人员的主要工作是向客户推销产品,与客户打交道过程中如不多加注意,势必得罪客户,影响业务成交。所以要成为一名销售人员,不仅要了解销售行业的基本情况,还要调整好自己的心理,懂得先客户后自己。

- 控制好自己的情绪
- 懂得处理不同的客户需求
- 被拒绝不是稀奇事
- 划分不同的客户类型

1.1　了解销售的基本情况，做好心理调整

想要成为一名优秀的销售人员，销售经验或销售技巧不是最重要的，销售人员首先应该明白什么是销售，销售人员首先应该具备什么素质。销售是创造、沟通与传送价值给顾客，以及经营顾客关系，从而让组织受益的程序。销售人员是指直接进行销售的人员，只有认真考虑了销售的工作性质，做好准备才能真正成为一名销售人员。

1.1.1　控制好自己的情绪

销售人员最基础的工作就是跑业务，需要经常与客户碰面，只有满足了客户的需求，才能得到应有的利润，所以在行业内有一句俗语"顾客永远是对的"。可在实际的销售工作中，面对各式各样的客户，销售人员难免会觉得有的客户不可理喻或是难以沟通，这种时候销售人员更应该想清楚自己的工作性质，控制好自己的情绪，切莫因为一时之争流失了客户。

销售人员应该学习的第一课就是控制自己的情绪。人的情绪很容易受外界环境的变化而改变，不可能时时保持积极心态，面对不良情绪该如何排解呢？我们可以试试以下方法。

①控制面部表情。就算交流不顺，情绪不佳，也绝不能让对方看出来，可以尝试训练自己的笑容，自己一个人的时候可以对着镜子进行练习，不要将自己的情绪直接表现在脸上，给自己的情绪一个缓冲的空间。

②动作暗示。动作与情绪是可以相互影响的，比如抖腿可以暴露出我们烦躁的情绪，所以要控制情绪首先就要控制我们的肢体动作，而不能由着情绪蔓延。

③转移注意力。若是销售人员与客户的交流进入僵局，难以继续聊下去，可以适当转移注意力，聊聊别的事情，或者暂停业务沟通，约好下次再谈，这样不至于恶化自己的情绪，得罪客户。

④与同事领导沟通。若是工作不顺利了，要懂得与人沟通自己的负面情

绪，只有疏解了才算是真正地过去了。销售工作中遇到的难处，要及时告知同事或领导，找到解决的办法才能杜绝对自己造成负面影响。

1.1.2　如何处理不同的客户需求

在与客户进行业务沟通时，为了争取各自的利益，销售人员可能会面对各种各样的客户，这种时候销售人员不能由着自己的性子乱来，而是要尽量化解客户的问题，顺利推进工作。销售人员应该如何做呢？

◆　突出产品优势

企业生产一款产品，一定有其优势和劣势，客户可能为了压低价格，会将谈话的重点放在产品的劣势上。销售人员首先要做的就是了解自己的产品，在客户提出不足时冷静应对，或是淡化劣势的影响，或是重点介绍产品的优势，超过客户的心理预期，这样客户才会觉得物有所值。

◆　适当让步

客户若一直坚持自己的看法，不肯退步，也不接受销售人员的提议，可以先适当让步以缓解客户咄咄逼人的状态，然后试着提出另一种合作方式或解决办法，化解目前的艰难处境。

◆　逐个击破

客户若是在交谈时总是借口连连，又不给肯定的回答，销售人员是非常难办的，此时，销售人员要注意对方的借口，逐个击破。用对方的借口来推进事项的进展。有的时候面对刁难就要知难而上，真正解决客户的不满意之处，把刁难变成自己的课题。

◆　主动出击

在面对客户的不同意见或反对意见时，要注意通过反问的方式得到客户的真实想法，如"这种方式您不接受吗？为什么呢？"这样问我们不仅会得到客户的否定答案，还会得到其真实的意见和看法，这样销售人员就能根据其真实的想法与客户沟通。

◆ 直接提出异议

若是客户因为一些错误的资料，对公司、产品产生了错误的看法，这时销售人员应该直接指出。但注意是直接指出不是无礼指出，销售人员要注意自己的措辞，有理有节地告知客户应该是怎样的。若是有辅证的资料，也要一并提供给客户，让客户更加相信自己。

这种方式只适合显而易见的、客观的一些看法和观点，对于主观的合作方式、让利条件等并不适用。

◆ 把握说话的机会

可能有的客户会一直重复一些无关紧要的话题，或是顾左右而言他，拖延时间不讲重点，占用销售人员说话的机会。销售人员不能就此变得被动，任由客户推进谈话，而应找准说话的时机，转换话题，说自己想说的话，如"您说的有一定道理，不过我们可以先谈谈……"。

在实际销售活动中面对客户刁难，各种谈话方法应当如何应用呢？下面通过具体案例进行介绍。

实例分析 运用各种谈话方式化解客户的担忧

销售员："王总，您好，我们公司的新品在一月以前寄过去了，不知道您觉得是否可以在您的卖场进行售卖呢？"

王："你们上一批产品卖得并不好，这次我想我需要慎重考虑。"

销售员："王总，非常感谢之前您对我们产品的支持。据我所知，我们上一批产品的总销售量还是非常不错的，如果您能告诉我销量不好的原因，我将不胜感激。"

王："我觉得是价格的原因，你们的产品比我们店里大多数产品都要贵，若是能稍微降低一下价格相信会好卖很多。"

销售员："王总，我相信我们的产品是可以接受市场检验的，我们一直在开发新技术，目的是让产品的质量更上一层楼。现在市场上，我们的产品广受好评，在好口碑下销售量一定会有所上涨，一件商品之前卖得不好，并不代表以后会卖得不好。而且，我们花了很多精力和资金研发新的技术和设计，当然需要提高产品售价，才能使资金尽快回笼。"

王："可若是价格太高，我们的销售就没有利润空间。"

销售员："您觉得多少利润比较合理呢？"

王："你们再让利一个百分点如何呢？"

销售员："其实我们的交易并不是仅仅围绕着产品，您还一并得到了我们公司的品牌、售后服务，还有额外的 VIP 服务，您也是经验丰富的生意人，应该不会只看利润，而忽略了其他一些要素吧，您可以先进购一批，看看销售情况。"

1.1.3 被拒绝不是稀奇事

作为销售人员可能都有过被客户拒绝的经历，即使是非常有实力的金牌销售，相信也经历过被客户拒绝的灰暗时期，所以销售人员不要害怕被客户拒绝，要把其当作对自己的考验。只有这样，自己的销售技能才会得到锻炼和提高。

而面对客户的拒绝，销售人员要做好以下一些注意事项，才能在每一次拒绝中获得成长。

◆ 心态积极

客户的拒绝虽然是一种否定意向，但也代表客户对双方的交易有一定的了解，这样才有进一步交谈下去的可能。不过被拒绝总是令人觉得沮丧，销售人员要主动寻找积极意义，比如了解客户拒绝的具体原因，根据这些原因改变自己的销售策略和条件，这样客户的拒绝反而对自己是种帮助，若是客户不闻不问，不发表意见，销售人员反而不知道该怎么继续。

◆ 重视客户的意见

被客户拒绝了，销售人员不能就此算了，这样会大大减少成交的概率，反而要重视客户的意见，把客户的拒绝当一回事，是非常有可能打动客户的。

尤其是主观性拒绝的情况，即指客户因为心情不好、条件不合适等拒绝交易，而不是因为产品质量不过关。

◆ 对症下药

在客户拒绝自己时，若是提供了客观依据，销售人员要懂得对症下药，针对客户的拒绝理由，提出解决方案，以其他的优势弥补，或是提供更多的资料证明自己的观点，让客户改变对产品的客观看法。

1.2 了解客户是进行销售的第一步

销售人员要想顺利开展销售活动，除了了解自己销售的产品外，还应收集客户的基本资料，对销售对象的基本情况有一定了解，这样才能知悉客户的真正需求，为销售进行铺垫。

1.2.1 不同客户类型的性格特征

客户分类是基于客户的属性特征所进行的有效性识别与差异化区分。对客户类型进行细分，可依据不同分类而采用不同的接待方式。按照客户的亲和力和表达能力，可分为四种客户类型，如图 1-1 所示。

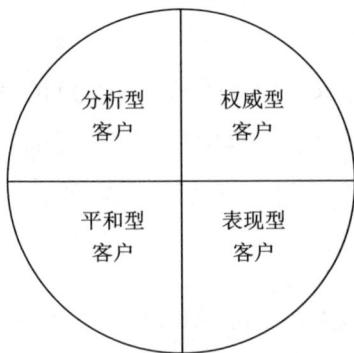

图 1-1 四种客户类型

下面分别对这几种客户类型进行介绍。

（1）权威型客户

权威型客户较为强势，习惯掌控所有事，让其他人配合自己，不太考虑别人的看法或情绪，性格上果断坚定，一旦明确目标，行动会很快速。在这类型客户口中常常会听到以下一些话语。

"那你说一下你们的优势有哪些？"

"你跟我说一下，我为什么要选择你们？"

"你们提供的售后服务有哪些？先说来听听。"

"这个都接受不了吗？"

"这世上没有商量不了的事儿。"

面对这类型客户时，销售人员可能会被刁难，很难表达自己的观点。所以销售人员应尽量采用迎合的方式与其交流，不要急于否定对方，完整听取对方的意见和看法，再提出自己的看法，或设计新的交易方案提供给对方。

（2）表现型客户

表现型客户情感丰富且较为敏感，愿意分享自己的想法，比一般的人更为健谈，会让人非常放松。遇到这种类型的客户，销售人员要做到以下四点。

①尽管客户谈话较多，销售人员要追本溯源弄清其需求。

②谈话时要懂得倾听，不要显得不耐烦。

③丰富自己的资料库，在对方健谈的情况下，要想和对方有所沟通，一定要储备些话题，包括客户的个人经历、工作经历、产品情况、双方公司的基本情况、市场环境等。

④注意控制谈话节奏，由于客户健谈，那么销售人员就要时刻把握交谈的重点，不能太过偏离主题。

（3）平和型客户

平和型客户容易相处，也愿意站在他人的立场想问题，愿意倾听他人讲话，所以其交易非常慎重、难以轻易下决定，希望将方方面面都考虑到了再约定交易事宜。遇到这种类型的客户要注意以下事项。

①频繁接触客户，真诚以待，让其对自己和产品产生信任感。

②因为很难知道其真实想法，要准备第二方案、第三方案……试探其实际想法。

（4）分析型客户

分析型客户思维严谨，不会轻易认同别人的看法，更不会被他人牵着鼻子走，善于分析，所以要求也很多。面对这类客户，销售人员一定要展示自己的专业性，无论客户对产品、公司发展、市场变化有怎样提问，都能够对答如流。如下例所示。

实例分析 应对分析型客户

某电子科技公司新推出一款手机，为了将新款手机尽快推出市场，公司销售顾问挑选了几个大型的地区经销商来帮助销售，不过经销客户对新款产品非常谨慎，对其进行了全方位的了解。

经销商："新款手机有什么优势？或者有哪些改良呢？"

销售顾问："我们的新款手机是低辐射的，而且有分屏的新功能，可一屏多用，消费者可同时运行多个 App。"

经销商："你说手机是低辐射的，那是如何做到的呢？"

销售顾问："我们采用了××技术，目的是更环保，也保证对人体的影响变小。"

经销商："现在市面上有分屏功能的手机多吗？"

销售顾问："分屏技术还没有发展起来，可以说我们走在了前沿。"

经销商："我不太懂分屏功能在市场上的吸引力，有很多消费者看重分屏功能吗？如果没有一定的吸引力，那么即便有这个功能也不一定能够提高销售量。"

销售顾问："这是我们上年度的销售量调查，从调查结果来看有分屏功能的手机销售量明显增加了。"

经销商："会不会是因为其他因素呢？"

销售顾问："这个问题我们都考虑过，所以以分屏技术作为唯一变量，制作了销售增长图表，将分屏技术作为卖点。"

经销商："好的，我了解了。"

从上例可以看出，分析型客户针对产品的性能及各种信息总会打破砂锅墨（问）到底，那么销售人员只有做好准备工作，提高自己的专业素养才能够应对。

1.2.2 适当让步俘获客户的心

与客户沟通交易事宜，本来就是来来回回，销售人员要想顺利做成交易，就要仔细倾听客户的需求，适当让步，才能让客户看到自己的诚意。不过让步也是有技巧的，否则客户看不到你的让步，就没有任何意义了。销售人员可运用以下的让步技巧。

◆ 最后让步

让步就是让利，销售人员应该谨记一个原则就是不要轻易让步，否则就会将自己置于被动地位，让客户以为自己可以随意让步，因而得寸进尺。所以销售人员要把握好时机，交易开始绝不是让步的时机，要等到最后各个方面都谈妥了，再稍微有一点让步。

◆ 小事让步

销售人员要记住一个原则"小事让步，大事不退"，涉及企业的核心利益，是一步也不能退的。当然为了安抚客户，缓解交易气氛，对于客户要求的一些额外服务、赠品条件等能够答应的尽量答应。不要在小事上得罪客户，如若不然，便会因小失大。

◆ 表现让步的艰难

就算销售人员最后决定做出让步，也要让客户了解到做出让步的不易和艰难，这样客户才会重视我们做出的让步。所以在让步的同时，销售人员还可以进行以下一些操作。

①告知客户需要请示领导。

②当下不做出肯定回应，计划好合理的回复时间。

③展现公司的不易、市场的不易，向客户示弱。

④一点一点让步，懂得向客户讨价还价。

如下例所示为某公司销售人员在做出让步时的具体操作。

实例分析 让步于客户的基础谈话技能

销售人员："李总，上次联系之后，您一直没有给我们肯定的答复，不知您考虑得怎么样了？"

李："我当然还是希望能降低订购价格，这样我们才能保证基本的获利。"

销售人员："我们给出的订购价格已经非常低了，但是为了向您表示我们的诚意和合作的意愿，我们愿意在此价格基础上，额外附赠您1 000件小样，供您推广产品使用，并接受退换服务。"

李："听起来很有诚意，我们也同样重视这次合作，不过我们仍然希望你们能在原来的基础上给我们多一点价格优惠。"

销售人员："我们前前后后也聊了这么多次，对您的需求我们是非常了解的，我相信我们公司的产品能够满足您的要求，如果您愿意多多订购，可能可以根据您订购的数量，给予相应的优惠。"

李："怎么说？"

销售人员："我周一向总经理汇报了有关贵公司的情况和您的要求，公司开了一个内部会议，决定给您一个特殊的优惠。如果您第一次订购数量能达到10 000个，我们可以将单价降低50元。这是我们能做的最大让步了。"

李："这样的话，我想我们可以先订购10 000个试试。"

1.2.3　掌握倾听的基本技巧

在与客户进行交易的过程中，倾听对方的需求和表达自己的观点同样重要，相信很多有经验的销售人员都明白倾听的重要性，一来可以帮助我们全方位了解状况，二来能体现我们的态度。如果要发挥倾听的作用，就要掌握一些基本的倾听技巧，如下所示。

注意客户语速。除了客户所讲的内容，客户说话的语速也应是重点倾听的内容，一般语速快的人，性格外向，较好沟通；而语速慢的人，较为内向谨慎，需要销售人员多点耐心。

注意客户口头禅。很多人在交流时都有自己的口头禅，这些细节处往往能暴露一个人的性格，见表1-1。

表1-1　口头禅含义

口　头　禅	含　义
"这个……" "那个……"	性格犹豫不决，难以很快下决定
"我的看法是……" "能不能……"	尊重他人，有主见，较为理智
"真的吗？"	缺乏自信，不太坚定
"你应该……" "你们必须……"	性格多固执、专制，不太能听进别人的意见

观察客户用语。客户的用词、用语在一定程度上反映了其个人素养，比如爱用敬语的客户，较为礼貌周到；爱用潜台词的客户圆滑世故等。

另外，倾听时也要注意做好以下一些事项，能让对话有一个好的效果。

①认识倾听五大要素——微笑、身体前倾、目光交流、点头示意、适当记录。

②适时回应，倾听要让客户知道自己在认真听，并在合适的时机给予回应，这样可以鼓励客户表达自己的看法。

③切忌心不在焉，客户在讲话时，不要做其他事。如看手机、翻阅文件，这样会显得不尊重人。

1.2.4 识别客户的潜台词

在商业交易过程中，为了维持彼此的关系，很多时候都不会把话说绝，大家都会用比较委婉的话来搪塞对方，表达否定的含义。作为销售人员，不懂潜台词，很难了解对方真实的意思，从而推进交流。下面来看看一些常见的搪塞语以及其潜台词。

◆ "这太贵了"

这几乎是销售人员推销时必会听到的回应，这背后表达的意思有几种。

①价格高于其他家，没有选择的优势。

②其他方面还算满意，就是价格太贵了。

③不了解产品，不予考虑。

不同的情况下潜台词也会发生变化，销售人员要懂得随机应变。

第一种情况多发生在公司有竞争对手时，销售人员要想与客户达成交易，就要了解竞争产品的优劣势，提出自己的优势，从中找说服客户的理由。

第二种情况多发生在交易沟通的最后阶段，客户对公司的产品已经有了一定的了解，只是价格还需讨论，这时或许可以考虑做些让步。

第三种情况一般出现在交易的前期和第一次交易时，客户不了解产品也不想花时间了解，这可以说是非常明显地拒绝了，销售人员可能要想别的法子来引起客户的注意。

◆ "忙完这段时间再说"

如果向客户推荐产品的时候，客户推脱说"最近在忙，等过段时间再说"，潜台词就是不感兴趣，没有交易意向。除了这种说法外，以下语句也能表达客户的拒绝。

"这事我做不了主，还要与上级商量一下。"

"我回头再看看。"

听到这种回应，销售人员要么放弃客户，要么找到别的途径引起客户的注意，不要以为客户没有明确拒绝就抱着侥幸心理，如果不多付出努力是没有办法拿下订单的。

◆ "我就随便问一下"

在与客户进行交谈时，若是得到这种回应，可以从中看到客户的潜台词是可选可不选，没有强烈的意愿与该公司达成交易。这种态度不是拒绝，但也没那么容易接受，好在客户没有排斥，销售人员要找到引起客户重视的点，可以多花点时间和精力与客户沟通、让客户看到自己的态度和专业，也会有转机。

1.2.5　投其所好拉近与客户的距离

要想尽快与客户达成交易，销售人员就要尽快与客户拉近距离，促进交流进行。拉近距离的最佳方法就是"投其所好"，让客户开心，也能让客户知道我们对其的重视。不过，"投其所好"也是一门技术活，主要可运用以下五种方式。

◆ 提前准备小礼物

对于即将去拜访的客户，销售人员可以提前对其进行调查，整理客户资料，对客户的基本情况，包括家庭、毕业院校、学历背景、个人兴趣等，准备适合的礼物，让客户感受到诚意，进而开始交流的主题。

◆ 称赞客户的优点

在与客户交流时，销售人员要随机应变，发现客户的优点，如幽默风趣、学识丰富、行事果断、富有魅力，然后放大这些优点，对客户进行赞美，可以打破客户的心理防线，缓和谈话的氛围。

◆ 从兴趣入手

若是与客户初次见面，难免会有尴尬期，不知道该如何沟通，若能从客户的兴趣入手，慢慢转移话题，则不会尴尬，也不会遭到客户的拒绝。

如下例所示。

实例分析 将兴趣作为交谈话题

某公司销售人员为了销售新款运动衫特意拜访客户，由于是第一次见面，为了不让双方感到尴尬，销售人员对客户进行了一些调查后展开了如下对话。

销售人员："您好，张总，我是××公司的销售员谢×，昨天和您约了今天见面，您称我小谢就行了。"

客户："你好。"

销售人员："您工作辛苦了，听说您喜欢打网球，"其实我平时也喜欢看网球比赛，尤其喜欢李×选手。"

客户："是吗？你最喜欢哪场呢？"

销售人员："当然是……"

客户："我和你一样。"

销售人员："其实我们公司这次设计的新款运动衫就非常适合穿到网球场上，时尚又轻薄，材质舒服……"

◆ 了解客户需求

有的客户不会轻易透露自己的真实需求，所以需要销售人员多加注意，如有的客户看重售后服务、有的客户看重赠品、有的客户希望打折、有的客户希望减免运费……满足客户真正的需求，才能让客户有交易下去的愿望。

◆ 主动出击

作为销售人员待人热情是基本的职业素养，若是被动等待客户联系，则会错失很多机会。所以从初见面时，销售人员就要主动、热情地招呼对方，关心对方。

知识延伸 妥善处理与客户的摩擦

首先，客户的责难要正面面对，若是自己做得不到位要及时改正，切不可因为客户提出意见就打断对方。当然，销售人员也可阐述自己的观点，但前提是用词得体，态度平和。

其次，如因自己的失误导致客户不快，要诚心向客户道歉，并拿出专业的解释，不要强词夺理、推卸责任，主动承担责任反而会给客户留下好的印象。

最后，比道歉更能化解与客户之间摩擦的是解决方案，专业的销售人员在道歉后，还应该立即给出解决方案，或是告知客户在一定期限内解决相关问题。

第 2 章

探究清楚客户的心理才能更好地交流

在交易的过程中，销售人员与客户都会隐瞒彼此的真实心理，为自己争取最大的利益。所以销售人员只有不断提高自己的职业素养，通过肢体和表情来探究客户的心理，与客户友好交流，才有可能达成交易。

客户的眼神和肢体语言能传递什么

常见的微表情解析

熟悉产品知识才能游刃有余

做好签约后续工作

2.1　从外在表现探究客户的内心

要想与客户就业务问题进行交流，销售人员需要了解客户的心理，首先可从客户的外在表现对其有一个基本的判断，销售人员对客户了解的越全面就越能把握客户的内心。

2.1.1　客户的眼神和肢体语言能传递什么

在进行交易活动时，双方为了保证自己的利益，都会刻意隐瞒自己的真实想法。不过人的想法往往会不经意间流露在眼神和肢体语言上，反映他们内心的想法。因此，读懂客户的眼神和肢体语言也是销售人员的必修课程。

销售人员可从四个方面入手分析客户的真实意图，如下所述。

（1）眼神

俗话说，眼睛是心灵的窗户。人的眼神往往会透露其内心，销售人员在与客户交谈时，不要只顾推销产品功能，还要时刻观察客户的眼神，这样既可以表示我们对客户的尊重，又可以从客户的眼神中看到一些弦外之音。

如果客户眼神放空，目不转睛，说明对你的话没有兴趣，销售人员应该马上换个话题或谈话方式。

如果客户斜着眼睛或眯着眼睛看你，那么很可能对你的话产生怀疑，销售人员应想办法给出实在的数据证明自己所言非虚。

（2）头部动作

人在表达自己看法的时候，往往会伴随着头部动作，这是客户心理的一种外在反映，销售人员不应该忽略掉。

①频频点头：若是在交谈中客户频频点头，那么说明对谈话的内容很是认可，对交易活动有一定积极作用，销售人员应该趁热打铁。

②歪向一边：若是客户在倾听时将头歪向一边，则说明在认真思考谈话

内容，表示客户非常认真、谨慎。

③低头：若是客户低头不语，则说明对销售人员的推销持否定态度。

④摇头：若是客户无意之间有摇头的动作，表明否定的意愿更加强烈，销售人员要引起注意。

（3）手部动作

手部动作也能向我们透露很多信息，销售人员应该做一些基本的了解。常见的手部标志性动作有以下一些。

①双手抱胸。一般人在面对陌生人或新事物时，会有防备心理而出现双手抱胸，这是一种防御性姿势，代表客户的不信任和不放松，因此销售人员不要上来就推销产品，而应该让客户熟悉自己和公司，卸下客户的戒备心。

②摸鼻子。客户若是隐瞒心中真实想法，敷衍自己，容易出现摸鼻子的动作，销售人员要注意了解其内心真实想法，不能太过乐观。

③摸耳朵。若是客户出现这种动作，说明没有什么耐心了，对销售人员的介绍也没有什么兴趣。销售人员要停止这种无意义的介绍，另找客户在意的兴趣点。

④挠脖子。这是一种非常纠结的状态，客户对销售人员提供的产品或方案表示怀疑，或难以决断，越是这种时候，销售人员就越要说服客户早做决断，尽量满足客户的要求，或对客户疑虑的点加以解释。

（4）坐姿

一个人的坐姿常常会表达出一个人的情绪，并暴露其真实想法。在与客户交易时，其坐姿可能会不停变化，销售人员要注意其中差别。

①身体前倾，双手叠放在腿上，这种姿势表明客户对自己的所谈内容很感兴趣，销售人员应该要对自己有自信，好好叙述所讲内容。

②背靠椅背、抖腿，说明客户很可能失去了耐心，想要立即结束此次谈话，销售人员应该尽快结束，否则也没有任何意义。

③客户跷二郎腿，说明此时比较放松，没有压力，销售人员应该趁此时好好介绍自己和产品，因为此时客户的接受度高，容易认真考虑你的建议。

2.1.2　常见的微表情解析

微表情是心理学名词，指人们的内心往往藏在一些表情里，而在心理学上已经对某些表情赋予了普遍含义。销售人员只有了解基本的微表情解析，才能对客户的微表情进行分析。

如下所述是一些常见的微表情解析：

①单肩抖动代表不自信，但并非所有的单肩抖动都代表不自信，要具体情况具体对待。

②把手放在眉骨之间代表有些羞愧或不好意思，一般人害羞时会把手放在眉骨或者是额骨附近，用来建立一个视觉阻碍。

③眼睛向右下看通常是在回忆，向左上看通常是在思考谎话。

④若是惊讶表情超过一秒就可能是假惊讶。

⑤瞳孔突然放大代表恐惧、愤怒。

⑥话语重复，并声音上扬可能是在撒谎。

⑦抿嘴代表模棱两可，犹疑。

⑧手一直摩挲是一种自我安慰的姿态，使自己安心。

⑨下巴扬起，嘴角下垂代表自责。

⑩提高右边的眉毛表示疑问。

对于普通人来说，我们至少拥有七种基础表情，每种表情都表达不一样的情绪，表现形式也不一样。

①高兴。人高兴时一般会嘴角翘起，面颊上抬起，眼睑收缩，眼睛尾部会出现笑纹。

②伤心。伤心时一般会眯眼，眉毛收紧，嘴角下拉，下巴抬起或收紧。

③害怕。害怕时嘴巴和眼睛会张开，眉毛上扬。

④愤怒。愤怒时会眉毛下垂，前额紧皱，眼睑和嘴唇紧张。

⑤厌恶。厌恶的表情包括嗤鼻，上嘴唇上抬，眉毛下垂，眯眼。

⑥惊讶。惊讶时，下颚下垂，嘴唇和嘴巴放松，眼睛张大，眼睑和眉毛微抬。

⑦轻蔑。轻蔑对方时嘴角一侧抬起，作讥笑状。

2.2 提高自己的专业素养

作为销售人员不断提高自己的专业素养是职业生涯中不变的课程，也是销售人员不断进步的基础。而要想提高自己的职业素养，销售人员必须明白该从哪些方面入手。除了销售技能以外，知识储备、沟通技巧、工作流程等销售人员都应全面了解。

2.2.1 熟悉产品知识才能游刃有余

作为销售人员，要推销自己的产品，最关键的一点就是对自己的产品有足够的了解，包括优缺点、核心技术、市场潜力、外观设计等，这样才会对产品有足够的自信，也对自己有足够的底气，这样的销售才能获得客户的信赖。作为一个销售新手，该如何迅速丰富自己的产品知识呢？我们可以尝试以下途径。

◆ **公司产品册**

一般来说，公司内不同的产品都有产品介绍册，里面详细介绍了该产品的外观、材料、核心技术、基础功能、颜色、使用方式、外观图示、细节图示等内容，是对产品最为细致、全面的介绍。这是销售人员需要重点了解的信息，每一个销售人员都应该将产品手册翻来覆去的观看，这是销售人员的基础工作。

◆ 生产车间

若是销售人员想了解产品的基本构造和生产流程，以及制造难度，可以去企业工厂的生产车间进行了解，这样能直观地看到产品是如何生产的，并了解产品的生产难度和要点，在给客户介绍的时候也能做到详细具体，胸有成竹。

◆ 行业网站

行业网站是各个行业为了自身发展、交易而设立的平台，帮助该行业人员了解行业内最新资讯、产品创新、品牌发展、商品交易等信息。我们将在下一章中做详细介绍，这里不再赘述。

◆ B2B 网站

B2B 是指 business to business，而 B2B 网站是指提供企业对企业间电子商务活动平台的网站。通过 B2B 网站能够了解同行业产品的相关特点，以及前沿技术、最新设计，方便与本公司产品做对比，销售人员可据此厘清所售产品的优势、缺陷。

◆ 行业论坛

行业论坛是一个网上交流场所，该行业的所有人员都可以注册行业论坛账号，在上面发帖，询问行业相关产品信息，也能从别人的发帖中得到自己想了解的产品信息。

知识延伸 常见行业论坛网址

不同行业会有各自的论坛，且行业论坛不止一个，销售人员可以从网上搜索本行业的相关论坛，下面介绍一些常见的行业论坛。

丁香园论坛、ABBS 建筑论坛、葡萄酒社、食品论坛、经管之家、家电论坛……

其实，不光是产品知识，销售人员的知识储备应该全面、丰富，这样在客户询问时，才能积极应对，专业地替客户解答问题。所以，销售人员需要储备以下一些知识内容。

客户资料。每次与新客户接触前，销售人员最好要打听到客户的基本资料，包括客户的姓名、职位、入职时间、主要工作业务、日常工作安排等信息，如此才能更好地计划交易的具体方案。

①姓名、年龄、职位——方便见面称呼。

②职务权限——了解其是否具备签订订单的权限，防止做无用功。

③入职时间——判断其是否老练，做好充足准备。

④日常工作安排——选择对方空闲时间段预约上门。

⑤主要工作业务、爱好、毕业院校、籍贯——寒暄切入点。

公司情况。无论是本公司还是客户公司，销售人员都应全面了解，包括成立情况、在市场中的位置、基本的产品种类、服务项目、销售渠道、销售区域、过往交易情况等。这些信息虽然复杂、笼统，却能在交易时帮助我们随机应变，因为掌握得越多，越具有主动性。为了保证思路清晰，更为了方便记忆，销售人员可通过思维导图整理相关信息，如图2-1所示。

语言能力。有的销售不仅要与国内客户打交道，有时还会接待一些国外客户，那么基本的语言能力是一定要具备的，尤其要掌握使用较广的英语，才能与各国客户更好交流。除此之外，个人的语法修辞、用语要以文雅、专业、书面为原则，避免口语化表达，这也是对客户的尊重。

区域风俗。若是跨地区推销，为了不冒犯客户，至少应对当地风俗有所了解，包括饮食喜好、各种忌讳、传统活动等。

知识延伸 **如何向客户讲解产品知识**

首先，在讲解产品特点时，客户往往没有那么充足的时间来了解产品的所有信息，所以销售人员推销时要有侧重，不是将产品从生产到销售方方面面的信息从头介绍，而是直接介绍产品最吸引人的功能，其余的客户若有兴趣，再向客户介绍。

其次，客户在意的问题要讲清楚，根据客户的询问，快速组织语言，讲明白前因后果，注意有头有尾。

然后，遵循按脉络介绍的原则，在与客户谈话时，要时刻注意，交谈的逻辑性和介绍的思路，如客户要了解产品的专利，便要按照专利研发→申请→实际内容的顺序进行说明，有理有节，让客户不至于听得云里雾里。

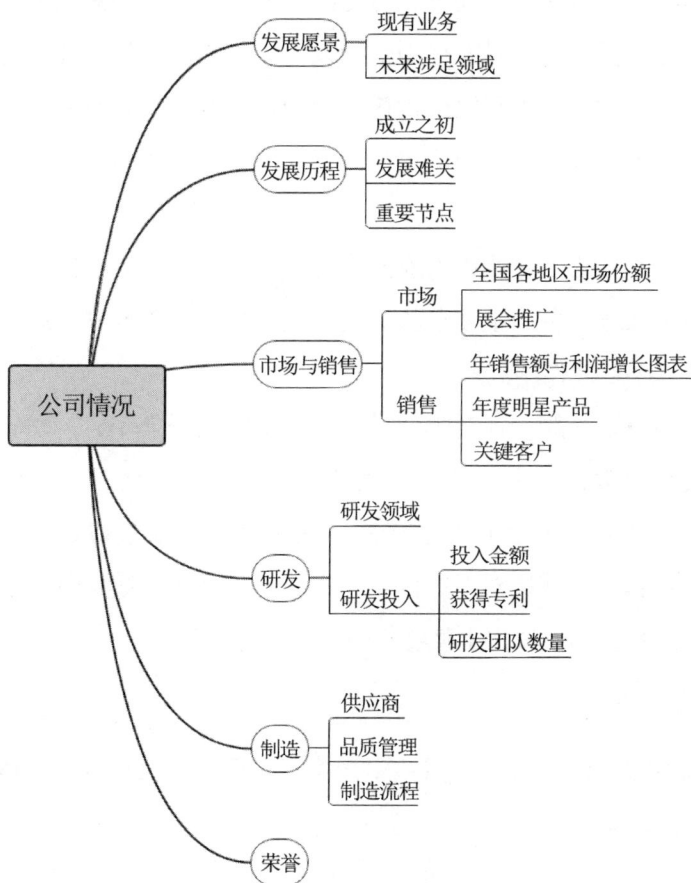

图 2-1　某公司架构思维导图

2.2.2 做好签约后续工作

销售人员与客户敲定交易意向后，并不意味着工作结束了，销售人员还要赶紧准备后续一些工作，尽快与客户签订合约，落实交易。我们都知道签订合约有一个完整的过程，并不是双方到场签字那么简单。在前期，需要经历要约与承诺这两个阶段。

要约。指当事人一方向另一方提出订立销售合同的建议和要求。提出要约的一方称为要约人，对方称为受约人。要约人在要约中要向对方表达订立销售合同的愿望，并明确提出销售合同的主要条款，以及要求对方做出答复的期限等。销售人员与客户确定合作意向后，便可就所谈的内容向对方进行要约。

承诺。即受约人对要约人提出的建议和要求表示完全同意。要约一经承诺，即表明双方就合同主要条款达成协议，合同即告成立，所以承诺对合同的成立起着决定性作用。

要约与承诺一般都通过邮件进行，在实际的操作中，一份销售合同的订立往往要经过要约、反要约、再反要约，一直到承诺这样一个复杂的沟通过程。销售人员得到客户的承诺后，便可就主要条款拟定销售合约。而在此之前，销售人员还需对对方的主体资格进行核查，确认其合法性以及是否涉及债务纠纷。如何核定主体资格呢？

（1）自然人

合同对象主体为自然人需核实并复印、保存其身份证件，确认其真实身份及行为能力。

（2）法人

合同对象主体为法人，销售人员可到当地工商部门查询其工商注册资料，也可以网上查询。网上查询有两种途径，如下所述。

一是国家企业信用信息公示系统，进入官网输入企业名称、统一社会信用代码或注册号即可查询其信用信息。

二是网络查询机构或平台，常见的查询机构为企查查，它是全国企业信用查询系统官方备案的企业征信机构，汇集了国内市场中的 80 个产业链、8 000 个行业、6 000 个市场以及 8 000 多万家企业数据。通过企查查，用户能够实时查询企业相关的工商登记信息、年报、股东信息、投资人信息、涉诉、失信、拥有商标、知识产权、企业证书、主要人员信息，变更记录等信息。如图 2-2 所示为企查查官网首页。

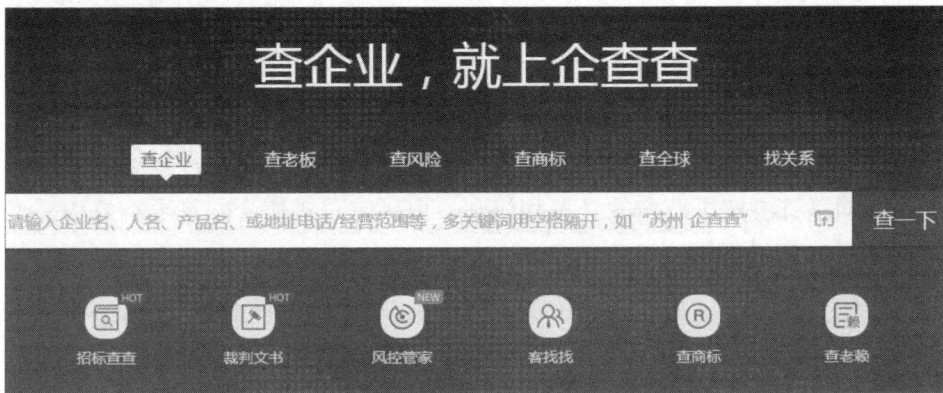

图 2-2　企查查官网

客户公司派来的订约人也需核实，看是否有其所在公司授权委托，注意查验其授权委托书、介绍信、合同书。

另外，签订合同必须加盖对方公司公章、合同专用章。

（3）其他组织

合同对象主体为其他组织，即对方当事人为个人合伙或个人独资企业，需要核对营业执照登记事项与其介绍情况是否一致，并由合伙人及独资企业经办人签字盖公章。此外还要确认经办人身份及股东身份，加盖法人筹备处和股东公章。

合同双方除了要加盖公章、私章外，还要亲笔签名。

知识延伸 什么是订立合同的主体资格？

合同的主体资格是指依法享有权利和承担义务的法律关系的参与人。根据《中华人民共和国合同法》（以下简称《合同法》）第二条规定："本法所称合同是平等主体的自然人、法人、其他组织之间设立、变更、终止民事权利义务关系的协议。"

根据《合同法》第九条规定："当事人订立合同，应当具有相应的民事权利能力和民事行为能力。当事人依法可以委托代理人订立合同。"

我们可知订立合同的当事人必须是具有相应民事权利能力和民事行为能力的自然人、法人或其他组织。

做好前期准备工作后，销售人员就可以根据要约的主要条款拟定销售合同，不同的企业其销售合同模板各有不同，但是基本的条款内容是不可或缺的。合同签订决定了双方的义务和权利，也决定了销售合同是否有效和是否合法，是当事人履行合同的主要依据。主要包括以下几项。

标的。标的是销售合同当事人双方权利和义务所共同指向的对象，销售合同中的标的主要指推销的商品或劳务。没有标的或标的不明确的合同是无法履行的，也是不能成立的。

数量和质量。指销售合同标的的数量和质量，确定标的数量，应明确计量单位和计量方法。

价款或酬金。价款或酬金是取得合同标的一方向对方支付的以货币数量表示的代价，销售人员应明确规定定价或酬金的数额，并说明它们的计算标准、结算方式和程序等。

履行期限、地点、方式。双方当事人必须明确规定具体履行期限，如按年、季度或月、日履行的起止期限，切忌使用"可能完成""一定完成""要年内完成"等措辞；履行地点应冠以省、市名称，避免因重名而致履行发生错误；履行方式是指合同当事人履行义务的具体方法，由合同的内容和性质来决定，如交付货物，是一次履行还是分期分批履行，是提货还是代办托运等。

违约责任。违约责任是指销售合同当事人违反销售合同约定的条款时应承担的法律责任。

很多公司都会制定统一的合同模板，销售人员使用合同模板签约即可，不过由于销售订单的不同，实操时合同内容也需要稍微修改。如下例所示为某公司的产品销售合同，可作参考。

产品销售合同

甲方：

乙方：

为保护甲乙双方的合法权益，根据国家有关法律法规，本着互惠互利、共同发展的原则，经双方充分协商，特订立本合同。

一、甲方授权乙方为_____产品在_____（地区）的独家经销权，甲方不得在前述渠道内另行从事本产品的销售业务。

产品名称	型号	数量	单价（元）	供货时间	质量标准

二、销售指标

1. 市场启动期为三个月（即____年___月__日至____年___月__日），乙方提货不少于_____件。

2. 其后每月进货量不少于_____件，全年累计进货量不少于_____件。

3. 当乙方完成年进货量指标，甲方给予乙方总进货量的_____%作为销售奖励，并以货物形式返给乙方。

三、供货价格、付款方式

1. 供货价格：每件_____元。

2. 货款结算方式：

（1）原则上现款提货，即在乙方货款汇至甲方账户后，甲方再行发货。

（2）甲方可按结算货款为乙方开具发票。

四、供货期限、货物运输

1. 乙方每次提货必须提前10天通知甲方，并将有效发货申请单传真给甲方。

2. 货物到乙方经销城市的铁路或公路零担费用由甲方承担。如乙方需其他运输方式，超出铁路零担运输费用由乙方承担。

3. 运输途中如有破损或数量短缺，凭承运部门证明，甲方负责更换补充。乙方在销售和仓储中造成的破损和短缺由乙方负责。

4. 乙方在收货（即货到）＿＿＿小时内完成验收，验收时如有问题应立即通知甲方，逾期甲方不再负责。乙方验货后，应在＿＿＿小时内将收货凭据经签字盖章后传真给甲方，否则视同收货认可。

五、销售价格及渠道管理

1. 本产品执行全国统一零售价格政策，每件零售价规定为＿＿＿元。

2. 经销商不得进行不正当的价格竞争，不得以任何名义直接降低价格倾销。

（1）乙方保证以不低于甲方规定的零售价格（经甲方同意的打折促销除外），销售本产品。

（2）如乙方在经销期间将甲方的产品低于甲方的供货价销售，一经查实将按该月货款总额的100%赔偿给甲方，同时甲方有权取消乙方的经销商资格。

3. 未经甲方书面同意，乙方不得跨区域销售产品，不得到甲乙双方约定的专销地点以外的任何地区销售，一经查实将按该货款总额的100%赔偿给甲方，同时取消乙方的独家经销商或经销商资格（本款所指销售为较大规模的公开销售）。

六、双方的权利、义务

1. 甲方的权利。

（1）对乙方的经营和推广活动有咨询、知情权。

（2）在乙方发生违规销售时，有权查看乙方的账目。

2. 甲方的义务。

（1）有按照合同规定维护乙方合法权益的义务。

（2）本合同生效后，在乙方未违反本合同约定的情况下，甲方不得在乙方的销售渠道内再以其他任何方式或由任何机构来销售本产品。

（3）有按时供货、保证货物质量和提供经营信息的义务。

（4）有向乙方提供产品销售必需文件的义务。

3. 乙方的权利。

（1）乙方有在合同许可范围内的自主经营权和独家经营权。

（2）对甲方违反本合同的行为，可以直接追究甲方经济、法律责任。

4. 乙方的义务。

（1）乙方有在甲方提供有关手续后三十天内办好本产品上市的一切相关手续的义务。

（2）乙方有对甲方的产品技术、经营情况、市场拓展策略、价格体系等信息保密的义务。

（3）乙方不得再经销其他与本产品功效成分相似或构成竞争关系的产品。

七、合同的解除

1. 乙方的进货量在半年或一年内未达到一定规模，则甲方有权解除本合同。

2. 在市场启动期结束后，如甲方在约定的供货期后 15 日内仍未发货的，则乙方有权解除本合同。

八、解除合同后的有关约定

1. 乙方应对甲方经营内容（包括但不限于销售政策、价格体系等）继续承担保密的义务。

2. 乙方应退还所有的文件、资料、授权委托书等（包括复制品）。

九、违约责任

甲乙双方同意本合同全部条款，如有违约按国家有关法律、法规解决。

十、其他

1. 甲乙双方均不得以企业性质发生变化等原因终止或违背合同。

2. 乙方应将资质材料（营业执照、保健食品经营许可证、法人证书复印件等加盖公章）于合同签订一并提交甲方备案存档。

3. 合同签定时，乙方须交付市场履约保证金＿＿＿元，合同期满后，如乙方无违约行为，甲方将保证金全额退还给乙方（不计利息）。

4. 当市场营销启动一定规模的广告宣传及规范的终端销售管理，则甲方有权根据费用及责任的分担情况相应调整产品的代理价格和销售量指标。

5. 因产品质量问题可随时退、换货。

6. 未经甲方授权，乙方不得在互联网上发布与本产品有关的信息，并严禁进行网上销售。

十一、不可抗力

不可抗力是指不能预见、不可避免且无法克服的任何事件，包括地震、塌方、洪水、台风等自然灾害以及火灾、爆炸、战争等类似的事件，具体按照《中华人民共和国合同法》的相关规定执行。

十二、争议的解决

凡因履行本协议书所发生的或与本协议书有关的争议，各方首先应通过友好协商解决。如协商不成的，任何一方可将争议提交中国国际经济贸易仲裁委员会华南分会按照申请仲裁时该会现行有效的仲裁规则进行仲裁。仲裁裁决是终局的，对双方均有约束力。

十三、合同生效及期限

1. 本合同有效期为＿＿＿年（自＿＿年＿＿月＿＿日至＿＿年＿＿月＿＿日），经甲乙双方签字、盖章后生效。合同期满后，在同等条件下，乙方有优先续约权。

2. 本合同一式两份，甲乙双方各执一份，共同遵守。本合同涂改处无双方盖章为无效条款。

3. 本合同未尽之外，双方可另行签订补充协议，与本合同具有同等法律效力。

甲方：　　　　　　　　　　　　乙方：

代表人：（盖章）　　　　　　　法人代表：（盖章）

地址：　　　　　　　　　　　　地址：

电话：　　　　　　　　　　　　电话：

_____年___月___日　　　　　　_____年___月___日

2.2.3　寒暄也是有技巧的

销售人员在与客户交流时，不可能一开始就聊业务，彼此都需要一定的时间来熟悉，这就需要销售人员寻找话题，营造友好交流的氛围，即与客户进行寒暄。我们在日常交往时，也需要通过寒暄来拉近人与人间的距离，但很多人没有意识到寒暄也需要一定的技巧，否则容易让彼此尴尬。

销售人员要掌握寒暄的技巧，主要包括以下三点。

（1）自然引出话题

日常寒暄多以天气、基本问候为主，与熟人寒暄也多从彼此了解的事情开始谈起，如爱好、工作、亲朋好友等。在面对客户时，由于彼此是工作关系，很多信息都不能了解，所以销售人员要主动了解对方，才能找到可聊的话题。一般来讲，可与客户寒暄的话题有爱好、行业热点、工作、毕业院校等。

"李总，最近有春季特卖会，您肯定很忙吧，我真是打扰您了。不过您经验这么丰富，一定是游刃有余。"

"听说您也喜欢打网球，我以前上大学的时候是校网球部的，我们销售总监也爱打网球，正巧这周末我们在××网球场有活动，您如果有时间，还请一定参加，来场友谊赛。"

"感谢您给我这次机会前来与您面谈，之前与张×合作时就听说您为人很好，果然如此。"

"您也是××大学毕业的吗？那您是我的师姐了，我是经管系的。"

"想来您也听说了，最近××品牌的产品销售量大涨，发展很是迅猛。"

（2）找到共同语言

销售人员要与客户展开聊天，就必须要有共同语言，才能引起彼此共鸣的话题。不过销售人员与客户并无太多交集，不可能像朋友一样轻易找到共同话题。

所以需要销售人员多付出时间，投其所好，与客户建立联系，了解客户的爱好是简便的方式，只需稍微了解，与客户聊上两句就行，毕竟谈话重点是推销产品。

如果没听说客户有什么爱好，尽量从其公司活动、穿着（品牌）、籍贯等方面入手找到共同语言。如下例所示。

销售："听您的口音，您是××人？"

客户："没错，你挺厉害啊！"

销售："我有个朋友就是××人，所以对××方言比较了解，以前还和他一起去过××，真是好地方。"

客户："当然，你到了××，应该有吃当地的烧鸭吧。"

销售："是的，朋友带我去吃了，太好吃了，走时还真空打包了一份。"

（3）维持氛围

销售人员在与客户寒暄的过程中还有一项重要的工作就是保证氛围和谐，避免出现尴尬、僵掉的氛围，要做到这一点并不容易。首先，销售人员自身要做到谈吐自然，提前梳理谈话思路，循序渐进的推进。谈话思路包括哪些内容呢？

①寒暄，控制寒暄的时间，准备寒暄的话题（至少两个），想好过渡语，

以备自然过渡。

②交易事项，备好交易重点，准备好可用资料。

③结束语，注意结束的时机，向客户致谢，并预约下次交谈时间、地点。

第 3 章

如何精准把控客户购买心理促成交易

　　要想留住客户，销售人员需要读懂客户，得到客户的信任，这不仅需要销售懂得客户的各种心理，还需要其做好各种准备工作，如寻找合适的目标客户，制作市场分析报告向客户表达诚意。

- 找准目标客户
- 如何取得客户的信任
- 市场分析报告的基本结构
- 善于利用客户的抵触心理

3.1 心理暗示可以提高成交率

要想达成交易就要走进客户的内心，了解客户的小心思。不过，很多客户都善于伪装自己的真实意图，所以销售人员需要借助一些方法与技巧来试探客户的心意，这样更能提高成交率。除此之外，想要获得客户的信任，就要做好充足准备，以真诚换真诚，给客户想要的自然能得到客户的"真心"。

3.1.1 找准目标客户

很多销售人员无法成功推销产品，与产品质量没有关系，与自身销售技巧也没有关系，而是在一开始就找错了目标客户。因此，在进行销售前，我们要清楚了解潜在客户，才能对销售成功的概率进行预估。

从字面含义来讲，潜在客户指的是对企业或者销售人员销售的产品有需求同时又具有购买力的人。销售人员在确定潜在客户时要遵循基本的原则，把握选择的大致方向。

①购买能力，即目标客户或公司有没有满足公司销售的购买能力。交易前可先对目标客户的经营状况进行调查，查看有无拖欠款官司或其他经营官司。

②决定权，即沟通对象有没有决定交易的权利，如果没有，那么沟通就是在浪费时间。

③购买需求，即目标公司有购买商品的愿望和需求。

按照以上原则寻找目标客户，再借助一些有效途径，就能轻松找到合适的交易对象，提高成交率。

（1）网络查询

在不知道如何拓展客户的时候，通过网络来寻找总是没问题的。由于网络的快速发展，让很多搜索引擎变成了一个大的资料库，一些常见的搜索引擎如百度、必应、搜狗等，都能通过关键词检索我们想要的内容。

若是想要更加精准地寻找目标客户，可以直接进入目标行业网站，在这些网站上一般能看到行业内的企业会员列表。一些常见的行业网站见表 3-1。

表 3-1　常见的行业网站

行　　业	相关网站
食品饮料	食品伙伴网 食品商务网 食品科技网 糖酒招商网 食品机械设备网
服装鞋帽	中服网 中国鞋网 品牌服装网 POP 服饰趋势 女装网 中国童装网 好订单网 服装人才网 环球鞋网 5143 服装加盟网
农林牧渔	中国农业网 中国养殖网 新农网 金农网 农博网 一亩田农产品信息网 中国化肥网 禽病网 饲料行业信息网 猪易网 蔬菜网
商业贸易	中国商务部 阿里巴巴 慧聪网

行　业	相关网站
商业贸易	创业商机网 联商网 书生商务网 中国制造网 敦煌网 世界工厂网 勤加缘 全球品牌网 一呼百应
汽车	汽车配件 110 网 新浪汽车
冶金矿产	中国联合钢铁网 我的钢铁网 全球金属网 中国有色网 铝道网
建筑建材	建材在线 中国建筑装饰网 天工网 土木在线 建筑英才网 中玻网 建材网 建设招标网 岩土网 土木工程网
纺织皮革	纺织网上贸易平台 全球纺织网 纺织网 中国棉花网 网上轻纺城
家电	中国家电在线 中国家电网 家电论坛

行　业	相关网站
礼品玩具	玩具巴巴 慧聪玩具网 中外玩具网
医疗器械	医药网 慧聪制药工业网 医脉通
家居	中国家具网

由表 3-1 我们可以了解到不同行业都有其对应的行业网站，提供各种行业资讯，极大地方便了销售人员在网站上搜寻目标客户，那么应该如何利用这些网站呢？来看看下例。

实例分析 通过阿里巴巴网站找寻目标客户

张某作为 ×× 有限公司的销售人员，为了顺利推销公司新产品，正在物色合适的供应商。由于没有多少人际资源，他决定在网上进行筛选。进入阿里巴巴首页，在搜索框中输入产品关键词，单击"求购"选项卡，单击"搜索"按钮就能搜寻求购该产品的有关企业了，如图 3-1 所示。

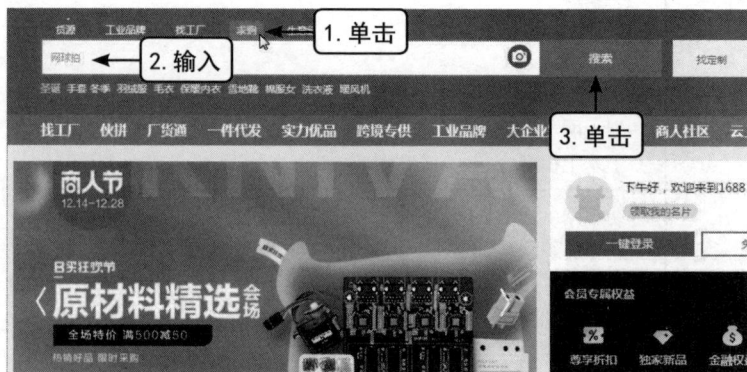

图 3-1　搜索相关企业

在打开的页面可以看到各种求购信息，单击"所有地区"下拉按钮，在弹出的对话框中选择"江浙沪"选项，为搜索结果添加地区限制条件，如图 3-2 所示。

图 3-2 添加限制条件

根据筛选结果，单击有兴趣的求购信息，进入详情界面，可以看到详细的求购信息，单击"立即报价"按钮，可以与客户开展交易活动，如图 3-3 所示。

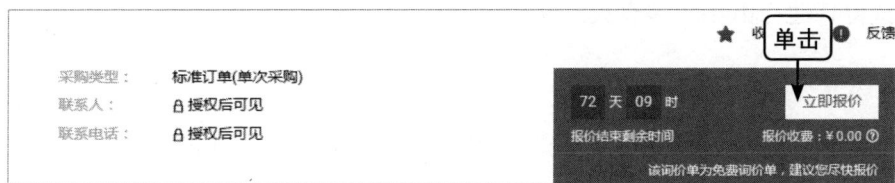

图 3-3 搜索结果

（2）资料查阅

作为销售人员在行业内工作一段时间后，自然能积累相关资料，用作目标客户的搜寻，如政府部门提供的资料、行业协会资料、国家和地区的统计资料、企业黄页、工商企业目录和产品目录、行业报纸或杂志的收集、客户发布的消息、企业内刊等。

这些都是行业内的重要资料，有一定的可靠性，能减小销售人员的工作量，同时能减少业务工作的盲目性和客户的抵触情绪。

（3）广告

这种方式是"广撒网，多捞鱼"的搜寻方式，并没有确定的目标企业，基本的操作步骤如下。

①向以前的客户群以及潜在的客户群发送产品广告。

②吸引有意向的顾客主动询问，然后向客户介绍产品功能、购买方式、地点、代理和经销办法等，这样成交率也更大。

（4）介绍

销售人员也可以借助自己的人际资源，寻找潜在客户。如同事、合作伙伴、从前的客户等，主要介绍方式有电话介绍、口头介绍、信函介绍、名片介绍、口碑效应等。

（5）咨询

一些行业组织、技术服务组织、咨询单位等机构内部收集了大量的行业客户资料和市场信息，销售人员向其咨询，不仅可以获得客户资料，还有可能获得其他与市场经营有关的建议。

（6）企业活动

销售人员要时刻保持自己的专业性，在企业开展各项活动时（公共关系活动、市场调研活动、促销活动、技术支持和售后服务活动等），不要放过任何与客户接触的机会，尽量与客户建立联系和交流，提高自己的能力。

（7）交易会

很多大城市每年或每半年都会举行交易会，以此促进商务交流活动，刺激地区经济发展，如广交会、高交会、中小企业博览会，销售人员完全可以利用交易会的便利，寻找客户联络感情。

3.1.2　如何取得客户的信任

客户的信任对销售人员来说是非常重要的，销售人员要得到客户的信任才能让沟通更加游刃有余，可是要取得客户的信任十分不易，尤其是初次见面的客户，销售人员需要掌握一些技巧。

◆ 主动介绍自己

不信任最主要的原因还是来自不了解，所以销售人员在最初与客户接触时，要主动介绍自己，让客户对自己及公司有基本的了解，主要分为以下几步。

首先，介绍公司，将公司的基本情况、重要事件、优势技术、核心产品等向客户介绍，可以向客户展示公司的介绍图册，或是在基本的交流中向客户透露公司信息。

然后，向客户介绍自己，可通过以前的销售成绩向客户展示自己的专业素养，客户对自己的能力越是了解，就越容易信任自己。

如下例所示为某销售人员向客户介绍自己的对话内容。

实例分析 向客户介绍自己

销售人员："您好，李总，初次见面，打扰了。我是××公司的销售顾问，按照之前约定的前来拜访您。"

李总："你好。"

销售人员："这是我们××公司的宣传册，可供您参考。"

李总："谢谢。"

销售人员："我们公司是专门生产运动产品的，已经成立近20年了，在地区市场已经是数一数二的企业，现在公司正全力发展全国性业务，相信您也会感兴趣的。"

李总："我的确感兴趣，就是不知道你们打算如何开展全国性业务？"

销售人员："我打算从本省出发，先在北京、上海、成都、南京等几个大城市推广产品，由于我们的产品质量一向优良，所以公司有非常大的信心共同发展，当然，我们的发展离不开您的帮助。"

李总："怎么说，我们也是第一次合作。"

销售人员："这些我都明白，所以我们同样慎重，其实我们公司已经前前后后合作了××公司、××公司和××公司，都是我谈下的订单，而且不论合作进入哪个阶段，只要客户需要我帮忙，我都会抽出时间全力配合。您可以到这几个公司去了解，每个公司的售后服务都是我亲自负责的，就是为了让客户满意。"

李总："是吗？没想到您如此负责，您的工作能力我非常认可。但对于你们的产品质量我还没有多少了解，不能仅凭你的一面之词吧。"

销售人员："这里有我们这次主打产品的介绍，而且您看，我这次带了我们的样品过来。"

李总："你倒是准备得很充分。"

销售人员："这是我们应该具备的基本功，您看我们的样品，轻便没有异味，材质上采用了××技术，不同于一般的运动产品……"

李总："的确不错，值得考虑。"

◆ 好的初印象

信任都是一点一点积累起来的，因此销售人员要从小事做起，在一开始就要给客户留下好的印象，比如在拜访时要注意自己的仪容仪表，让客户看到自己干净、整洁、职业的一面，还要从谈吐、礼仪方面着手，让客户感到如沐春风。

◆ 为自己工作，也为客户工作

销售人员与客户互相分属两个利益阵营，彼此都要对自己所在的公司负责，这也是很多客户不能信任销售人员的根源。真正优秀的销售人员会做两份工作，不仅维护自己利益，也会维护客户的利益，实现"双赢"。

若是销售人员能够用心为客户规划经营发展，分析市场利弊得失，一定能让客户看到你的诚意。该如何做呢？

第一步，进行调研，基础规划。针对客户面临的市场环境，进行基础调查。根据得到的数据进行分析，得出客户经营的优势、劣势、机会，制作一份销售计划书，让客户看到盈利的可能。

第二步，调查客户的销售点。了解合作公司的销售网点，亲自"踩点"，帮客户分析出最适合销售的地点。或是为客户建议新的销售点，帮助客户发展壮大。

第三步，向客户提供产品销售经验。将本公司在销售和售后方面的经验整理出来，提供给客户，增加其销售的信心，包括价格调控、节假日优惠活动、售后服务、退换货处理等。

第四步，向客户提供经营管理经验。虽然客户有自己的管理模式，不过可以针对客户现有的管理模式提出自己的建议，帮助其改进，以此得到客户的青睐。

3.1.3 市场分析报告的基本结构

在推销产品的过程中，销售人员常常需要对市场环境进行分析并制订相应销售策略，甚至还要帮助客户分析市场环境以获得信任。不管目的为何，书写市场分析报告是每个销售人员应该具备的基本能力。首先，销售人员应该了解市场分析报告的基本结构，有了大致脉络，分析起来才会顺畅。

◆ 标题

市场分析报告的标题一般有两种形式：一种是单标题，另一种是双标题。双标题指既有正题，又有副标题的形式，正题为市场分析的主题，副标题通常补充进行市场分析的对象、内容等。注意，标题要简短精练。

◆ 导语

导语也称前言、总述、开头，这部分用来说明此次市场分析的目的、对象、范围、经过情况、收获、基本经验等。导语需概括性强，控制好篇幅，以简短为主。

◆ 主体

主体是市场分析报告的主要部分，一般是写调查分析的主要情况、经验或问题，书写该部分内容可参考以下格式。

分述式。需要多角度或侧面分析有关情况时，可用分述式分别描写不同面向的内容即可。

递进式。当所写内容需要层层递进时，可按照递进的规律来划分结构，体现对某种情况的深入认识。

三段式。即将主体内容分为三个部分——现状、原因、对策，这种分段方式结构简单，一目了然，也能涵盖重要的内容。

综合式。通常有经验的销售人员，在熟悉了市场分析报告的各项内容后，已经能够不拘泥形式，根据所写的内容来划分结构。

◆ 结尾

结尾是对分析报告的一个概括，虽然不是最重要的内容，但也有四种基本写法。

自然结尾。即在叙述好主要内容后，依据主要内容自然收尾，不用添加其他的内容。

总结性结尾。将分析报告的重点内容进行概括，便于客户查看，是对调查分析提出个人看法，是一种观点性的结尾。

启示性结尾。销售人员写完分析后，若是对报告中存在的问题有解决思路，或对现状有任何展望，可在结尾处进行书写。

预测性结尾。通过全面地调查和分析后，对于业务发展有任何预测，可在结尾处提出自己基于现实的结论，让客户看到业务提升的可能，这样才能促进合作。

那么一份完整的企业分析报告是什么样子的呢？一起来看看下例。

实例分析 从公司市场分析报告看其基本格式

××公司的市场分析报告

一、市场背景

自20××年来，我国经济飞速发展，各地区的消费水平也在不断提高，作为大众最关心的食品行业便形成一个巨大的市场。由于生活水平的提高，人们已经不仅仅满足于吃饱喝足，还对口味、包装、营养等有了各种要求。在饮料市场上，最先发展起来的是碳酸饮料，之后便进入了饮用水阶段和茶饮料阶段，最后进入果汁饮料阶段。

现在果汁饮料市场已经全面开花，众多企业品牌冒头瓜分市场份额，对每个企业品牌来说，竞争都十分激烈。果汁饮料市场发展至今，主要经历了以下三个阶段。

第一阶段（2000年以前），全国市场未形成，无品牌概念，只陆续出现一些风味饮料，如椰汁、核桃露等。不过由于市场及产品原因，这些果汁饮料没有发展成大众熟知的品牌，局限在区域市场内。

第二阶段（2000年以后），某品牌开始注意到果汁市场的巨大潜力，推出了标志性的橙汁饮料，独占市场，获得巨大的成功。

第三阶段（2002年以后），许多企业意识到果汁市场的巨大利润，开始抢占市场，随之而来的是各种国际大牌进入市场，市场上各种品牌冒头，大小品牌开始多头并进。

二、产品背景

果蔬饮料的市场已然成熟，不过各种产品还有待开发。最先开始，果汁饮料的概念是从国外引进的，由于我国蔬果的产量高、种类丰富、营养齐全，给产品发展提供了天然条件。人们生活水平一提高，便从国外引进了该概念。现在，无论男女老少都能接受果汁饮品，这也是品牌发展的原始助力。

三、公司背景

贵公司近年在果汁饮料的口味和营养搭配上加大研发力度，已经有一款主打产品在市场上有一席之地，接下来便是推出系列产品，不过市场竞争力大推出系列产品有一定难度。

四、整体竞争格局

1. 主要竞争阻力

一是××品牌和××品牌，品牌优势是包装经典、口味接受度高。

二是××品牌、××品牌、××品牌，国内知名品牌，已经具备强大竞争力。

三是国际企业，如可口可乐、百事可乐，瓜分了一大部分的市场。

2. 产品种类的竞争

果汁饮料在市场上主要分为两大类产品，低浓度果汁饮料和复合果汁。

低浓度果汁饮料一般的果汁含量为5%～10%，以××品牌的××产品为代表。

复合果汁一般果汁浓度为30%，由各种果蔬原汁调和，以××品牌的××产品为代表。

3. 产品机会

虽然果汁饮料市场竞争大、产品种类非常多，但果汁饮料还处于市场初级阶段，任何企业都有自己的发展空间，或抢占区域市场，或发展全国市场，这也是贵公司具备的机会。

五、市场沟通的媒体选择

要推广产品，公司在媒体选择上还应以电视广告为主。

一来电视媒体覆盖率广，包括全国各地区。

二来电视广告的形式直观简单，容易被不同阶层的消费者接受。

三来果汁饮料是平民且大众化的消费品，电视媒体是各个阶层都会关注的广告媒体。

四来电视媒体具有引导性，好的广告创意可以引导消费者选择口味。

六、消费者行为特征

针对果汁饮料的消费群体，需要进行全面分析，主要从收入、性别比例、年龄分层、口味选择等各因素入手，以一、二线城市为调查范围，有以下发现。

①收入及消费能力：一线城市普遍高于二线城市，看见收入越高的地区对果汁饮料的需求就越大，消费比例也越大。

②购买动机：追求营养的占30%，追求口味的占60%，聚餐选择的占10%。

③消费群体：30岁以下的群体占比最高，女性消费者比例要高于男性消费者。

④购买季节差：春夏季节明显高于秋冬季节，尤其是盛夏季节。不过在年轻群体中季节消费差异并不明显，针对年轻人来说，在销售时不必过多考虑季节差。

⑤消费场所：超市、便利店是主要消费场所，大商场的消费比例并不高，所以在超市和便利店的上架率对销售情况有很大影响。

⑥消费数量：一般来说，消费果汁饮料的数量都不大，1～3听／瓶比例较高，在必要性上果汁饮料的竞争力稍显不足，这一点牛奶和饮用水就能替代，公司还需从营养上入手，让消费者看到果汁饮料的价值。

⑦促销方式：促销是果汁饮料首选的销售方式，包括"买×送×""抽奖活动"等，加大与年轻人的互动，能提高品牌知名度。

七、果汁饮料市场未来发展走势

中国果汁饮料的市场巨大，所以不少国际品牌纷纷以并购的方式进入，以强大的生产规模、品牌营销抢占市场。另一近方面，国内几家主要的果汁饮料品牌也稳步发展，并与国际品牌合作。市场上，大品牌的竞争会越来越大，品牌下的系列产品开始细分市场，完成市场渗透，如果仅靠自身，没有大品牌合作，相信空间不大，或只能发展区域空间。

八、营销走势

面对目前的市场状况，公司应该把握自身的优势，根据市场变化，做好营销策略，可从以下几方面入手。

①谨慎宣传，由于营养和口味是果汁饮料最大的宣传点，所以在营养上的宣传点不要虚假宣传，影响企业在消费者心中的形象。

②结合线下与线上，通过"电视广告＋有奖促销"的方式推广产品，双向进行营销，效果加倍。

③将销售渠道的重点放在社区超市、各全国连锁的便利店，做到有的放矢。

④一线城市的消费比例虽然高于二线城市，不过由于果汁饮料并不是高消费产品，所以要重视二线城市的市场发展潜力，找到推广产品的方式。

通过上例我们能了解到一份市场分析报告中，应该具备的重点内容，为了让市场报告显得有内容，各销售人员需要了解分析报告中应该包含的内容，其基本框架如下所示：

一、产品市场概述

1. 产品市场容量

（1）显性市场容量

（2）隐性市场容量

2. 行业分析

（1）主要品牌市场占有率

（2）销售量年增长率

（3）行业发展方向

①市场发展方向

②产品研发方向

3. 市场发展历程及产品生命周期

二、市场竞争状况分析

1. 市场竞争状况

（1）竞争者地位分布

（2）竞争者类型

2. 产品销售特征

（1）主要销售渠道（分销渠道、零售渠道）

（2）主要销售手段

（3）产品地位分布及策略比较

①产品地位分布

②主要品牌成功关键因素分析

（4）产品销售区域分布及分析

（5）未来三年各产品销售区域市场需求及价格预测

3.行业竞争者分析

（1）主要生产企业基本资料

（2）主要品牌经营策略

（3）竞争品牌近三年发展情况

（4）竞争者未来发展预测

三、市场特点

四、消费状况

五、主要品牌产品零售价格市场调查

六、中国××市场发展历程

上述介绍的为基本框架，并不要求都要写入分析报告中，销售人员可以根据实际情况进行筛选，不过市场分析、产品分析和行业竞争者分析是其中的重中之重，建议不要舍弃。

另外，分析报告的内容要真实可信，基于真实的数据得出结论，所以不仅要用数据展示客观性与严谨度，还可以通过数据图或者比例图对内容进行补充。

如图 3-4 所示为某洗发水生产公司市场分析报告中的行业市场规模图。

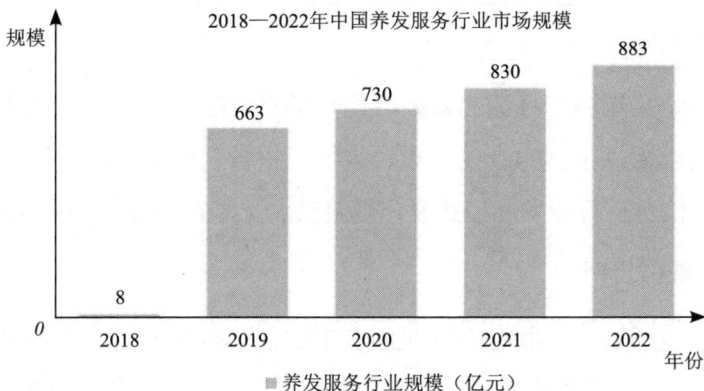

图 3-4 市场规模图

3.1.4　用对工具，轻松制作市场分析报告

如果不是行业资深人士，仅靠销售人员自己制作一份公司的市场分析报告是有难度的。对于销售人员来说，要获得客户信任，讨得客户欢心，不仅要对公司有全面了解，还要把握行业现状与发展趋势，这样制作出的分析报告才是有价值、有诚意的，也能得到客户的认可和重视。

为了不让自己的努力白费，销售人员要懂得利用各种工具，搜索行业及市场信息，充实自己的市场分析报告。现在，很多数据平台都为我们提供了有关行业信息，下面来具体了解。

（1）行业垂直网站

很多行业都有自己的信息及数据平台，提供有关这个领域的全部深度信息和相关服务，让行业人员互相分享知识。对销售人员来说，通常与客户在同一行业，所以通过行业垂直网站了解行业信息是双重得利，既为客户着想，又能看到企业的销售方向。

（2）互联网数据咨询平台

销售人员还可直接通过互联网数据咨询平台，获得行业有关信息（行业趋势、市场份额、经济情况），查看各类行业分析报告加以利用。下面提供一些常用的网站。

◆　艾瑞网

艾瑞网是艾瑞咨询打造的新经济门户站点，融合了多个行业资源，为不同行业内人士提供丰富的产业资讯、数据、报告、专家观点、行业数据库等服务，多方位透析行业发展模式及市场趋势，呈现产业发展的真实路径。

◆　发现报告网

发现报告网依托于海量的行业、上市公司、宏观策略等研究报告，采用智能搜索引擎、文档结构化解析、AI 语义识别等技术，能为金融投资从业人员、研究员、分析师、市场运营等提供快速、全面、便捷的信息搜索服务。

◆ 易观分析

易观分析覆盖上百个领域，持续积累十余年的 5 000 份行业深度分析，4 000 家互联网创新企业，帮助企业快速把握商机，规避经营风险。

◆ 中文互联网数据资讯网

中文互联网数据资讯网是一个专注于互联网数据研究、IT 数据分析的数据共享平台。

3.1.5　引起客户的好奇心，就成功了一半

销售人员在推销产品时，比起强硬的推销，让客户自己产生兴趣显然更有效。有人说好的销售人员一定深谙心理学，笔者非常赞同，要想客户心甘情愿的与自己合作，就要从他的潜意识入手，刺激他的好奇心。从人的心理角度来讲，想要一样东西的前提就是要对某样东西产生好奇。

销售人员可以通过各种销售技巧让客户产生好奇心，引起客户的兴趣，我们的工作就完成了一半。下面来看看那些常用的销售技巧吧。

◆ 学会使用道具

20 世纪美国有个资深的销售人员，其销售业绩一直保持领先水平。原因无他，其每次拜访客户时总会利用一个小道具，即 3 分钟计时器。在与客户交流时其开口的第一句话就是"为了不耽误您的时间，我只需要 3 分钟，3 分钟一到，您要是不希望我继续说下去，我即刻就走人"，说着便从包里拿出计时器。

这时，他的行为已充分调动了客户的好奇心，想听听他究竟想说什么，而客户在这 3 分钟内也会较为认真的倾听。而这位销售员事先会掐准时间，每到一个 3 分钟，他就会提出一个问题，调动客户的好奇心，以让客户给予他继续说下去的时间。如下所述。

您知道我们的产品为什么能快速降温吗？

您知道我们的产品能为您带来多少利润呢？

这件产品的特殊之处在……

利用计时器这个小道具，他为自己争取了更多的推销时间，让客户慢慢了解产品的性能，以达到推销的目的。

◆ 懂得保留产品信息

很多销售人员都会进入一个销售误区，即要想成功推销产品，就要尽可能多地向客户透露产品信息，这样客户才会认可产品。可是，这样做有一个明显的问题，即越多的信息越会降低客户进一步了解的欲望。

想要客户产生好奇，最好不要在第一拜访时就将底牌漏出来，比如产品的核心技术、产品的营销手段、产品销量等，要慢慢向客户透露，让客户对每一谈话都有兴趣，而不是每一次都听你说同样的内容。

◆ 反向提问

销售人员推销时并不一定只是接受客户的提问，还可以反向提问，这样能够激发客户的好奇心，自然而然地与客户产生交流。如下所述。

销售："李总，我能问个问题吗？"

李："嗯，你想问什么？"

销售："为什么××产品与××产品，包装、功能等都差不多，销量差这么多？这是有原因的。"

李："你说。"

销售："主要因为……"

◆ 透露合作对象

要让客户对产品感兴趣，除了通过介绍产品本身以外，还可以通过介绍公司的合作对象来达到同样的目的。

如果在谈话中向客户透露我们的产品已经与其他公司有合作了，难免会引起客户的好奇心，想要了解是怎样的产品，是否有利可图，本公司需不需要跟进。如下所述。

销售："我们在销售时常常遇到这种问题，其实最近合作的客户也问过相同的问题，我可以保证该技术的专利属于我们公司的。"

客户："你们已经有合作对象了吗？"

销售："是的，是××公司，他们对我们公司的产品非常感兴趣。"

客户："不知他们公司最感兴趣的是哪一款呢？"

销售："这个……"

◆ 欲擒故纵

销售讲究套路，步步紧逼，只会吓退那些原本就没有购买欲望的客户。因此，销售人员更要懂得谈话的技巧，有收有放，欲擒故纵，如下所述。

销售："张总，您对我们的产品还感兴趣吗？"

客户："我觉得我们公司应该不需要。"

销售："嗯，我已经听很多客户这么说过了，不过最后，他们还是改变了想法。"

客户："是吗？"

销售："我们的产品的确让其看到了获利的可能。相信对您也是一样的，我对我们的产品有百分百的信心。"

客户："何以见得？"

销售："首先……"

从上例中我们可以了解到，客户没有购买欲望或对产品不感兴趣时，强行让对方听自己推销，还不如退一步，先应和，再转移方向，吸引其注意力，获得推销的机会。

3.2 突破客户的心理防线

不同的客户对产品的侧重不同，因此面对不同类型的客户，销售人员要有不同的销售技巧，了解并利用客户的不同心理，设计出不同的销售方案，降低成交难度。

3.2.1　抓住客户的冲动心理

销售人员在推销时，可能会遇到各种各样的客户，对不同类型的客户，我们应该采用不同的销售技巧来应对。如果遇到冲动型客户，要抓住时机，快速敲定合作。一般来说，冲动型客户具备的特征见表3-2。

表 3-2　冲动型客户的特征

特　　征	具体介绍
重情义	冲动型客户性格外向、开朗，比较重感情，若是销售人员勤加练习，很可能打动客户，其冲动之下容易做出合作的决定
不掩饰	这类型客户一般难以隐藏自己的情绪和喜好，也会直接表达自己的看法，销售人员可以省去时间猜测客户的想法
易被打动	如果产品有亮点、功能不错，冲动型客户是容易被打动的。谨慎的客户会货比三家，而冲动型客户一旦看准产品满足自己的各方面条件很容易冲动下订单
易受环境影响	若是产品订单量大，有很多合作对象，更容易打动冲动型客户跟随购买

了解了冲动型客户的基本特征后，销售人员就应该针对其特征采取相应的销售技巧。

（1）加快推销节奏

可能对一般的客户，销售人员会付出自己的耐心，多拜访几趟，给出足够的时间让客户了解自己、了解公司、了解产品。而对于冲动型客户，销售人员就要加快推销的节奏，无须过多考虑是否介绍全面，应该剔除多余的信息，只留下关键信息，即客户在乎的信息，这样足以令冲动型客户拍板。

只有突出某一部分的信息，才能刺激冲动型客户做出决定。如在自我介绍时，只介绍销售最高业绩即可；在介绍公司时，介绍近两年的发展即可；介绍产品时，介绍主要功能即可，不必面面俱到。

（2）察言观色，迎合对方

冲动型客户一般都将喜恶摆在脸上，销售人员要注意观察，并迎合对方的情绪，找到客户关注的点。如在介绍某些功能时，客户撇嘴、心不在焉，那么就要赶紧止住；若是介绍某些功能时，客户表现出兴趣，则要重点介绍，以此打动客户。

（3）抓住时机

冲动型客户对产品的兴趣往往控制在一定的时间内，在这段时间内客户的合作意愿会非常强烈，过去后可能就再没机会达成合作，所以销售人员要在其兴趣最浓的时候，提议签订订单，这样才能提高成功率。

3.2.2　满足客户占便宜的心理

客户在购买或选择一项产品时，往往最看重的是产品的功能，其次便是产品的价格，若是能以最低的价格购买到优质的产品，对客户来说自然是最佳的结果。销售人员只有尽量满足客户的要求才有可能促成交易，不过作为公司的销售人员，除了要为公司卖出产品，还要保证公司的基本利益。

因此，销售人员要懂得利用客户占便宜的心理，以各种优惠、赠品打破价格上的僵局。那么，在销售过程中有哪些手段能满足客户占便宜的心理呢？

◆　提供赠品

在价格沟通不顺畅时，销售员可以向客户表示能提供赠品，如产品小样、产品配套物品、产品清洁用品等，让客户觉得物有所值，有所补偿，给彼此一个继续谈下去的契机，如下例所述。

销售："张总，您说的这个价格我们真的没有办法接受，这个价格我们很难盈利。"

客户："如果不能在价格上给予优惠，我公司的成本就会加大，这样对我们公司的经营会带来困难。"

销售："如果您能够多订购一些，我想我们可以为您赠送一些样品。"

客户："在我看来，样品也不能解决实际的问题。"

销售："张总，我们从事这一行业这么多年了，您应该了解，虽然样品不比产品可直接卖出获得利润，但您可以搭配卖出，提高原价，或是用作促销，中间的利润还是可观的。"

客户："嗯……"

销售："如果您订购 1 000 件，我们可以为您提供 100 件样品，如果您订购 2 000 件我们可为您提供 300 件样品，这也是我们公司的一点诚意。"

客户："这个提议我们会考虑的，我们需要再考虑考虑。"

销售："当然，我们随时为您服务。"

◆ **满减**

销售人员都知道，产品单价是销售的底线，不能轻易降价，即使要给客户优惠，也要想办法从别的地方入手。其实，在销售过程中，如果销售人员始终拒绝优惠，通常是很难达成交易的。

不过，为了将优惠维持在可控的范围内，销售人员可采取满减的优惠形式，既给予客户优惠，又能自己把握优惠力度，且客户能切实感受到在原有的基础上获得了好处。如下所述。

销售："我们一向是不打折的，我们公司的报价已经是公司的底线了，所以很难再打折，不过介于您是我们公司的新客户，我们可以给出一些特别优惠。"

客户："什么优惠呢？"

销售："如果您订购的金额的达到 10 000 元，可直接少支付 300 元；如果您的订单金额达到 20 000 元，那么可直接少支付 1 000 元，这是特别优惠，你可看出我们公司合作的诚意了。"

客户："你们愿意做出一点牺牲，我们很高兴，我们应该可以接受。"

◆ 原价差

客户的心理变化是非常微妙的，哪怕只是一个细小的改变，都可能影响到客户，所以销售人员可以利用价格差，让客户感受到自己的退步，满足客户占便宜的心理，这样更容易促进交流。如下例所述。

客户："你们的产品难道没有什么优惠吗？"

销售："林总，您刚好赶上我们公司成立 10 周年纪念日的优惠活动，我们为了感谢新老客户的支持，这次产品的售价前所未有的低，您也知道我们的 × 产品单价 50 元，从没变过。但近一月内，也就是到 31 号截止，单价降到 39 元。"

客户："比起原价优惠很多了。"

销售："没错，而且我们还会赠送销售培训课程、产品小样、产品高级包装等礼包，您要是喜欢我们的产品，在本月内敲定，一定是最划算的。"

客户："真的吗？那我需要回去开会讨论一下订购数量，一周之内给你答复。"

3.2.3　善于利用客户的抵触心理

很多客户对初次拜访或是并不熟悉的销售人员总有戒心，面对销售人员的推销也不买账，这一般是客户对销售人员的推销产生了抵触心理，主要有以下四种情况。

①客户反对销售人员提出的一切方案，对产品的优势也持反对意见，使销售人员没有办法继续。

②拒绝与销售人员进行交流，对销售人员的提议不发表看法，在零交流的基础上结束沟通。

③与销售人员交流的时候趾高气扬，向销售人员展示出一切尽在其掌握的样子，这时候销售人员无论说什么都显得无知。

④直接拒绝销售人员，在销售人员开口之前就将机会磨灭掉。

面对客户的逆反心理，销售人员要小心应对，懂得化解不利因素，利用客户的抵触心理，销售自己的产品。

（1）大方承认商品瑕疵

销售人员推销商品时，若客户对产品的瑕疵抓住不放，处处为难，最好的方法不是想方设法掩盖商品瑕疵，而是大方承认瑕疵，再将客户的注意力转到商品的优势和核心功能上。这样既能化解客户的抵触心理，又找到了沟通的话题。

（2）逆向解读产品优势

很多时候，我们一味向客户推销产品的优势，只会让客户反感，进而产生怀疑和不信任。销售人员或许可以逆向推销产品，将产品的优势当作缺点来说，反而能让客户接受。如下例所述。

销售："张总，我们的电热毯性价比还是很高的，只是设计上存在一个小问题。"

客户："什么？"

销售："这款有一个自动断电的功能，若是电热毯工作超过一小时，便会自动断电，不知道您是否会介意？"

客户："是吗？这样更省电更安全，反而可以作为推销点。"

销售："有的客户可能会觉得有些麻烦，若断电了需要重新打开开关。不过我们为了安全和节能环保，对这个功能非常看重。不知道您是否能够接受呢？"

客户："我觉得这不是什么问题，我对这个功能非常感兴趣，我需要全面了解一下。"

销售："太好了，我十分乐意为您介绍。"

3.3 尝试留住客户的多种方法

销售人员的客户都是自己"跑"出来，很多时候可能会面对客户的冷言冷语、各种不配合。因此，销售人员往往各出奇招来留住客户，下面来看看有哪些可用的方法。

3.3.1 用礼品吸引客户的注意力

跑销售业务就是与人打交道，要维护与客户的关系，销售人员需要付出更多的时间、精力，甚至为了表达诚意销售人员还需通过为客户准备礼品来讨好客户。很多经验丰富的销售人员，都会选择赠送贴心的礼品来向客户表达心意。

不过，虽然是赠送礼品，也有一定的讲究，否则不仅不能讨好客户，反而会弄巧成拙。首先，可供销售人员选择的礼品有以下四种。

日用品。这类礼品是客户平常能够用到的，实用性强，一般价格也不高，适合所有类型的客户，在初次接触客户时赠送是比较合适的。主要包括公司产品（适合作为礼物）、小型按摩仪、靠垫、钢笔、当地特产小吃、客户喜好物品（如球拍）等物品。

装饰品。这类物品主要用来做办公摆设或是家居摆设，适合送给女性客户，一个小小的见面礼，可拉近距离。主要包括台历、招财猫、生肖吉祥物、水晶制品等。

优惠券或充值卡。这类礼品实用性也很强，且金额可以控制，无论是初次见面还是合作成功后，抑或是日常联系，都可以赠送。主要包括大商场优惠券、电影套票、手机充值卡、球赛门票、话剧门票、音乐会门票、演唱会门票等。

贵重类礼品。面对重要客户或大型交易，销售人员要更加慎重，如果是重量级客户，分量过小的礼品，难以送出手。此时，可以请示上级，看可不可以赠送贵重礼品以联络客户。例如手表、手袋、领带、袖扣、香水、化妆品等高级礼品。

另外，在送礼时还要做好以下一些注意事项。

①谈话碰面时，当面赠送给客户。

②最好不要托人转交，或是送到客户公司去。

③注意赠送时机，可在刚刚碰面时递给客户，顺便解释一句"感谢您拨冗前来，这是一点心意，请您一定接受"；也可以在谈话或聚餐结束时递给客户，向其表示辛苦了。

④客户若有助理或随行人员，可递给助理人员，但要向客户暗示是赠送的礼品。

⑤礼品一定要包装好，不能让客户看到标价。

⑥最好准备卡片，写上祝福语和落款，落款可以写自己的名字，也可以写公司名字。

3.3.2　得体销售，客户才会觉得舒服

销售人员的职业素养越高，获得客户青睐的概率就越大，才能做到与客户顺畅沟通。而要提高自己的职业素养并不是一件容易的事，要从方方面面做起。对于销售人员来说，最重要的莫过于说话的技巧，下面来看看值得注意的一些事项。

赞美客户要实在。很多销售人员在与客户交谈时，会通过赞美客户来讨好对方，但华而不实的赞美，听上去显得没有诚意，还不如不说。最好对具体的事项或细节进行赞美，能让客户感受到你的用心和细心。

您今天的领带颜色搭配得很好。

您鞋上的装饰花非常小巧、典雅，很配您的气质。

听说您最近升职了，在我们这个行业，能短短时间就升职的，也只有您这样能力出众的人了。

真诚接受赞美。如果客户对你的能力或公司的产品满意，进行称赞，要

坦率大方地接受客户的认可即可。如下所述。

①谢谢。

②感谢您对我们公司的认可，我们会继续努力的。

③真的非常感谢您看到我们产品的亮点，这对我们来说是莫大的鼓励。

客观分析利弊。很多销售人员会走入一个误区，以为隐瞒产品的缺陷，只提产品的优势，就能顺利卖出。其实客户购买产品往往非常慎重，不会听信销售人员一面之词。如果销售人员刻意隐瞒劣势，被客户自己发现，就难以挽回了。最好的方式是结合自己对产品了解，帮助客户分析利弊得失，同时让客户看到盈利的可能性。

注意把握时机。上门推销不能不把握时机，且要提前预约，一般来讲除开周一，周二至周四都是预约的时机，因为通常周一的上班族总是千头万绪。

委婉反驳。若是客户的数据或信息有误，销售人员想要提出异议，要注意反驳的方式不要过于直接，切忌使用否定性词语，如"不对、错了、不是这样的"。可直接说明真实的情况，既不反对也不赞同，用一句过渡的话语带过便是，如"这个您放心，我们……"。

注意口头禅。若是销售人员平日里有一些口头禅，那么在与客户交易时，不要习惯性的使用口头禅，容易引起客户的反感，如"老实说、清楚吗、明白吗、这样"等。

减少语气词。有的销售人员平时说话比较夸张，喜欢带语气词，如"啊、呀、哦、啦"等，给人感情很丰富的感觉，在与客户交涉时，为了表现我们的专业，要注意避免使用语气词，以免让客户觉得自己不稳重。

不要打断别人。客户为了压低价格，可能会说一些与事实不符的话，来削弱产品的优势，销售人员难免会觉得失实，但要控制自己不要打断客户的话，等客户叙述完后再针对相关问题，有序回复。

一秒钟原则。在与人交流时，有一个原则，即一秒钟原则，等对方叙述完后，不要立即回应，给人一种话赶话的印象，显得很不尊重人。得体的做法是等待一秒钟，表示自己在理解对方的内容。

第 **4** 章

销售人员不能不知的财务常识

销售与财务看似工作性质与工作内容都不同，其实它们之间却有千丝万缕的联系。在实际工作中，销售人员也会负责一些财务相关工作，如开具发票、报销费用，所以应该具备一些财务常识。

为什么销售人员也要懂财务知识

销售工作中的报销流程是怎样的

熟悉销售过程中的常见财务术语

懂得利用销售业务进行税收优化

4.1 基础财务知识要了解

很多初入职的销售人员以为销售的主要工作就是推销，只要不断提高自己的推销技能，就能提高业绩，得到绩效奖金。殊不知，若销售项目不能尽快回款，公司没有得到相应的利润，又怎会收到自己应得的绩效奖金呢？

一项完整的销售活动包括推销产品、签订销售合同、维护客户关系、确定回收款项这几个阶段。因此，了解基础财务知识对销售人员来说也很重要。

4.1.1 为什么销售人员也要懂财务知识

在前面几章我们介绍了销售人员与客户打交道的各种事宜，但其实对销售工作的基本内容和职责并未细述，作为一个合格的销售人员，只有了解了自己的基本工作，才知道提升的方向。如下所述为某公司销售员的日常工作职责。

①负责产品的销售工作，执行并完成公司产品年度销售计划。

②根据公司市场营销战略，提升销售价值，控制成本，扩大产品在所负责区域的销售，积极完成销售量指标，扩大产品市场占有率。

③与客户保持良好沟通，实时把握客户需求，为客户提供主动、热情、满意、周到的服务。

④根据公司产品、价格及市场策略，独立处置询盘、报价、合同条款的协商及合同签订等事宜。在执行合同过程中，协调并监督公司各职能部门的操作。

⑤维护和开拓新的销售渠道和新客户，自主开发及拓展上下游用户，尤其是终端用户。

⑥收集一线营销信息和用户意见，对公司营销策略、售后服务等提出参考意见。

⑦认真执行公司销售管理规定和实施细则，努力提高自身业务水平。

⑧负责与客户签订销售合同，督促合同正常如期履行，并催讨所欠应收销售款项。

⑨对客户在销售和使用过程中出现的问题、需办理的手续，帮助或联系有关部门或单位妥善解决。

⑩填写有关销售表格，提交销售分析和总结报告。

⑪做到以公司利益为重，不索取回扣，馈赠钱物上交公司，遵守国家法律，避免经济犯罪。

⑫对各项业务负责到底，对应收的款项和商品，按照合同的规定追踪和催收，出现问题及时汇报、请示并处理。

⑬出差时应节俭交通、住宿、业务请客等各种费用，不得奢侈浪费，完成营销部长临时交办的其他任务。

从上例可知，销售人员不仅要了解市场动向、计划销售指标、拓展客户，除此之外，还要填制相关销售表格、催收应收款项，保证公司的利润不受损。当然，要完成这些工作，需要与财务部相互配合，同时销售人员也要懂得一定的财务知识。

销售人员应该从基础做起，学习填制财务表格以及常见的结算方式和财务术语，不使日常工作受到影响。

4.1.2　销售工作中的报销流程是怎样的

销售工作可以算是外勤工作，没有业务是待在办公室，客户送上门的，所以销售人员需要去各地跑业务，或是安排客户上门参观、请客户吃饭。这样势必会支出很多费用，一般会由销售人员事先垫付，然后在公司规定的时间内报销。

报销销售工作过程中产生的费用，各个公司都有详细的规定，销售人员需要按照有关流程，填写相关表单，并提供财务部所需的材料完成报销。一般来说，报销流程如图 4-1 所示。

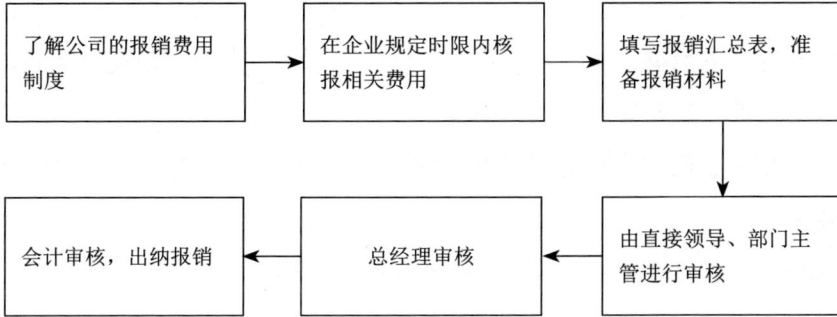

图 4-1　报销流程

销售人员报销的费用多为通信费、交通费、差旅费、招待费等，销售人员要按照公司的报销管理制度，填写报销单（通常在部门领导处或财务部领取），表 4-1 为某公司的费用报销单。

表 4-1　费用报销单

×× 公司 报销单							
					年　月　日		附单据 张
姓名		部门		部门审核			
报销项目	金额	报销理由					
合计人民币（大写）　　万　仟　佰　拾　元　角　分 ¥							
财务　　　　记账　　　　出纳　　　　报销人							

由于报销单涉及财务问题，所以一定要填写规范，销售人员在填写时要注意以下事项。

①用黑色财会专用签字笔规范填写，字迹要工整清晰，不可在报销单上涂抹。

②整理同类票据，统计好总金额，然后在报销单上填写该类目金额。

③填写前一定要最后确认，谨慎为佳。

④单据上金额的大写处必须和小写处的金额保持一致，这里是合计金额需保持一致。

⑤每项内容都要填写完整，否则难以通过审核。

⑥在报销单上填写的总金额要与提供的票据金额一致。

⑦填写好报销单后，需将票据粘贴在填写好的报销单背面或指定位置，一定要粘贴牢固，以免脱落。

4.1.3 熟悉销售过程中的常见财务术语

针对销售工作的特殊性，在销售过程中一定会涉及诸多财务术语，销售人员应对一些常见的财务术语有基本的认识，才能更好地推进工作。

（1）目标利润

目标利润指企业在一定时期内，经过努力要达到的利润。它反映企业一定时间财务、经营状况的好坏和经济效益高低的预期经营目标。通过确定目标利润，能够激发员工提高经济效益的动力。

（2）成本

成本是生产和销售一定种类与数量产品而耗费资源用货币计量的经济价值。企业经营在一定程度上会耗费一定的生产资料和劳动力，这些消耗用货币计量，表现为材料费用、折旧费用、工资费用等，都可以计入成本中。当然，在销售活动中所发生的费用、企业管理费用也应计入成本。

（3）盈亏平衡点

盈亏平衡点又称零利润点、收益转折点，通常指全部销售收入等于全部成本时（销售收入线与总成本线的交点）的产量。以盈亏平衡点为界限，当销售收入高于盈亏平衡点时企业盈利，反之，企业就亏损。

盈亏平衡点可以用销售量来表示，即盈亏平衡点的销售量，也可以用销售额来表示，即盈亏平衡点的销售额。

（4）市场占有率

市场占有率指企业某一产品（或品类）的销售量（或销售额）在市场同类产品（或品类）中所占比重。该数据能反映企业在市场上的地位，通常市场份额越高，竞争力越强。

如某产品的市场总量为40万件，盈亏平衡销售水平为7万件，这样，满足盈亏平衡需达到的市场占有率如下。

市场占有率 = 公司销售水平 ÷ 市场总量 =70 000 ÷ 400 000 × 100% = 17.5%。

（5）资本支出

资本支出也称为收益支出，是指企业为取得长期资产而发生的支出，或为了取得为一个以上会计期间提供效益的财产或劳务所发生的支出。

（6）相关成本

相关成本指对企业经营管理有影响或在经营管理决策分析时必须加以考虑的各种形式的成本，相关成本主要包括机会成本、付现成本、重置成本、差量成本、边际成本等。

机会成本。机会成本是指从备选方案中选择某项方案而放弃其他方案可能丧失的潜在利益。这是进行决策时使用的一种成本，是并没有实际发生的假设成本。

付现成本。付现成本是指由于某项决策而引起的需要在未来动用现金支付的成本。企业考虑货币的时间价值和资金拮据而筹措困难时，往往充分考虑的成本。

重置成本。重置成本是指目前从市场上重新购买同样原有资产所需支付的成本。

差量成本。差量成本分为广义和狭义，广义差量成本指两个备选方案的预期成本之间的差异数，用来确定不同备选方案的经济效益大小的因素；狭义差量成本指由于生产能量利用程度的不同而形成的成本差别，用来确定企业最佳生产量的因素。

边际成本。是指单位产量的变动所引起成本变动额，主要用来判断企业最佳生产量的因素。

（7）毛利率

毛利率是毛利与销售收入（或营业收入）的百分比，其中毛利是收入和与收入相对应的营业成本之间的差额，毛利率反映的是一个商品经过生产转换内部系统以后增值的那一部分。用公式表示如下。

毛利率 = 毛利 ÷ 营业收入 ×100%

= （主营业务收入 − 主营业务成本）÷ 主营业务收入 ×100%

如某公司当月的销售额有 800 万元，经营成本达到 600 万元，则其毛利率如下。

毛利率 = （800−600）÷ 600×100%=33.33%

（8）资金周转率

资金周转率是反映资金流转速度的指标，能够反映企业资产管理效率的重要指标。尽可能少一些资金占用，才能更多地取得销售收入，说明资金周转速度快，资金利用效果好。可用资金在一定时间内的周转次数来表示。其计算公式如下。

资金周转率 = 本期主营业务收入 ÷[（期初占用资金 + 期末占用资金）÷2]

如某企业一年的销售收入总额为 6 000 万元，年平均占用的固定资产（原值）和流动资金总额为 1 000 万元，则：

资金周转率 =6 000÷1 000=6

单次周转天数 =365÷6=60.83（天）

即每年周转 6 次，每次周转需要 60.83 天。

（9）销售净收入

销售净收入指的是企业经营净收入，其公式如下。

销售净收入 = 销售收入－销售退回－数量折扣－销售折让

4.2　税务常识很重要

企业作为经营者，缴纳税费是一项基本的义务，且根据其经营性质的不同，缴纳的税种也各有不同。销售人员作为企业经营环节的重要人员，应具备基本的税务常识，了解本企业应纳税种。在计划销售活动时，将税务问题考虑进去，让企业获取最大利润。

4.2.1　懂得利用销售业务合理进行税收优化

由于经营的特殊性，通常企业涉及的税种较为复杂，包括增值税、消费税、城市维护建设税、土地使用税、房产税、车船使用税、印花税和企业所得税等，销售人员首先应了解这些税种分别代表什么，再考虑企业进行税收优化的方式。

增值税。增值税是以商品（含应税劳务）在流转过程中产生的增值额作为计税依据而征收的一种流转税。

消费税。消费税是以消费品的流转额作为征税对象的各种税收的统称，是政府向消费品征收的税项，可从批发商或零售商征收。

城市维护建设税。城市维护建设税是以纳税人实际缴纳的产品税、增值税、营业税税额为计税依据，依法计征的一种税。

土地使用税。城镇土地使用税是指国家在城市、县城、建制镇、工矿区范围内，对使用土地的单位和个人，以其实际占用的土地面积为计税依据，按照规定的税额计算征收的一种税。

房产税。房产税是以房屋为征税对象，按房屋的计税余值或租金收入为计税依据，向产权所有人征收的一种财产税。

车船使用税。车船税是指在中华人民共和国境内的车辆、船舶的所有人或者管理人按照中华人民共和国车船税法应缴纳的一种税。

印花税。印花税是对经济活动和经济交往中订立、领受具有法律效力的凭证的行为所征收的一种税。

企业所得税。企业所得税是对我国境内的企业和其他取得收入的组织的生产经营所得和其他所得征收的一种所得税。

国家为了减轻企业负担，推出了许多税收优化方式，在此基础上，企业应尽量将纳税义务减至最低限度。

销售活动是为企业带来主要利润的经营活动，同时，也产生了各种税种。为了有效节税，我们应该从销售活动中的各个环节入手，通过不同方式合理控制税费支出，争取更多的资金流动，缓解资金压力。可通过以下一些方式来做到。

◆ 业务提成进行税收优化

销售人员的工资一般由固定工资和浮动工资（提成）组成，在计缴销售人员个人所得税时，有两种常见的优化方式。

①很多企业会将销售人员的业务支出（如交通费、食宿费、汽油费、通话费），在业务提成中扣除。销售人员可以通过相关费用发票进行报销，没有报完的部分就计入工资总额中缴纳个人所得税。

②在为员工缴纳个人住房公积金时，可以在法律规定的范围内更多地缴纳个人公积金，这样在工资总额中扣除住房公积金，再将剩余部分计缴个人所得税。

◆ 利用时间差

一般来说，在销售人员售出一批商品后，需要财务部开具相关的发票才能完成后续的调货、发货手续。如果当月企业的资金负担较重，而销售订单又是在月末完成的，销售人员可以延迟发票的开具时间，在下一月初向财务部申请开具发票，这样可以延长入账时间，延后税款的缴纳，是一种比较常见的方式。

◆ 利用当期销项税额

销项税额是指增值税纳税人销售货物、加工修理修配劳务、服务、无形资产或者不动产，按照销售额和适用税率计算并向购买方收取的增值税税额。其计算公式如下。

销项税额 =（不含税）销售额 × 税率

如下例所示为按计算公式计算所得的销项税额。

某 × × 服装公司刚刚出售了一批夏季新款服饰，出厂价格为 300 万元人民币（不含税），增值税适用税率为 13%，那么该服装公司应当向客户收取的销项税额的计算方法是：

销项税额 =300 × 13%=39（万元）

如果要利用销项税额进行优化，可通过降低销售额来进行，主要有以下两种操作方式。

①如果销售过程中有返利，应避免将其计入销售收入中。

②如果公司的设施、设备、建设项目中使用了本企业生产的商品性货物，会视同对外销售，不过公司可以采取折扣的方式来降低销售额。

4.2.2 税收因素对企业销售利润的影响

销售利润又称营业利润、经营利润，是企业在其全部销售业务中实现的利润，销售利润是企业收入的主要来源，其基本的计算公式如下。

销售利润＝主营业务收入－主营业务成本＋其他业务收入－其他业务成本－销售费用－管理费用－财务费用－税金及附加－资产减值损失＋公允价值变动收益－公允价值变动损失＋投资收益－投资损失

根据以上公式我们可以看出，增值税税金及其他税金对销售利润有直接影响。税金越多，企业的销售利润越少；税金越少，销售利润越多。由于每个企业涉的税种不同，要给付的税金也有差别，不过增值税是所有企业都会涉及的，有关增值税的计算公式有如下三个。

应纳税额＝当期销项税额－当期进项税额

销项税额＝销售额 × 税率，销售额＝含税销售额 ÷（1+ 税率）

进项税额＝（外购原料、燃料、动力）× 税率

所谓销项税额是指增值税纳税人销售货物、提供应税服务按照销售额和增值税适用税率计算并向购买方收取的增值税税额；进项税额是指纳税人购进货物、加工修理修配劳务、服务支付或者负担的增值税额。

那么实际情况中应该如何计算企业的增值税额呢？下面通过以下案例来进行介绍。

实例分析 通过公式计算公司的应纳税额

×× 公司 7 月份时采购了一批产品原材料，采购货款为 15 000 元，增值税进项税额为 1 500 元，取得增值税专用发票。该批原材料进行加工后，公司生产了一批可直接投入市场的商品服饰，通过销售该批服饰获得含税销售额 45 200 元，其增值税的应纳税额计算如下。

进项税额 =1 500（元）

销项税额 =45 200 ÷（1+13%）×13%=5 200（元）

应纳税额 =5 200−1 500=3 700（元）

根据上例，我们不难看出销售额与增值税税率是影响税金的主要因素，进而也会影响销售利润。而税收因素指构成税收范畴的基本因素，包括纳税人、征税对象和税率，其中税率为影响销售利润的关键因素。

在计算增值税税额时，一般通过含税销售额也就是销售合同额来计算，在合同额未变的基础上，如果增值税税率发生了变化。相应地，销售利润也会受影响，增值税税率越高，企业最后得到的销售利润越低；增值税税率越低，销售利润越高。

在企业经营的过程中，除了增值税额外，还会涉及消费税、印花税等税金支付，税收因素对销售利润的影响就更大了。

4.2.3　常见税种的纳税申报期限和方式

销售人员虽然不负责纳税申报工作，不过为了配合公司的纳税时间，以便合理的安排销售工作，因此应该简单认识一下常见的税种申报期限和申报方式。我国税法对纳税申报期限和方式有具体的规定，各个税种有其各自的申报期限。

（1）常见税种的申报期限

纳税申报期限是指税法规定的，纳税人申请纳税的时间间隔和最后期限。各个税种的纳税期限因其征收对象、计税环节的不同申报期限有所区别，甚至同一税种也会因纳税人经营情况、财务会计核算、应纳税额大小的不同，以致申报期限不一样。

◆ **增值税、消费税的申报期限**

增值税、消费税的纳税期限分别为 1 日、3 日、5 日、10 日、15 日或者 1 个月。纳税人和扣缴义务人以 1 个月为一期纳税的，自期满之日起 10 日内申报纳税；以 1 日、3 日、5 日、10 日、15 日为一期纳税的，自期满之日起 5 日内预缴税款，于次月 1 日起 10 日内申报纳税并结清上月应纳税款。

◆ **企业所得税及外商投资企业和外国企业所得税的申报期限**

企业所得税按年计算，分月或分季预缴。月份或季度终了后 10 日内申报并预缴税款，年度终了后 45 日内申报，4 个月内汇算清缴。

外商投资企业和外国企业所得税按年计算，分季预缴。季度终了后 10 日内申报并预缴税款，年度终了后 4 个月内申报，5 个月内汇算清缴。

◆ **印花税的申报期限**

凡印花税纳税申报单位均应按季进行申报，于每季度终了后 10 日内向所在地地方税务局报送印花税纳税申报表或监督代售报告表。

只办理税务注册登记的机关、团体、部队、学校等印花税纳税单位，可在次年一月底前到当地税务机关申报上年税款。

印花税的纳税期限是在印花税应税凭证书立、领受时贴花完税的。对实行印花税汇总缴纳的单位，缴款期限最长不得超过一个月。

◆ **个人所得税的申报期限**

居民个人取得综合所得，按年计算个人所得税，企业作为扣缴义务人按月或按次预扣预缴税款，并在取得所得的次年 3 月 1 日至 6 月 30 日内办理汇算清缴。

个体工商户的生产经营所得税，按年计算分月预缴，并在月份终了后 15 日内申报并预缴税款；在取得所得的次年 3 月 31 日前办理汇算清缴。

纳税人取得利息、股息、红利所得，财产租赁所得，财产转让所得和偶然所得，按月或者按次计算个人所得税，有扣缴义务人的，由扣缴义务人按月或按次代扣代缴税款。

对企事业单位的承包经营、承租经营所得应纳的税款，按年计算，由纳税义务人在年度终了后 30 日内缴入国库，并向税务机关报送纳税申报表。纳税义务人在 1 年内分次取得承包经营、承租经营所得的，应当在取得每次所得后的 7 日内预缴，年度终了后 3 个月内汇算清缴，多退少补。

从中国境外取得所得的纳税人，在纳税年度终了后 30 日内向中国境内主管税务机关办理纳税申报。

知识延伸 顺延申报期限

纳税人办理纳税申报的期限最后一日，如遇公休、节假日的，可以顺延（公休假日指元旦、春节、"五一"国际劳动节、国庆节以及双休日）在每月1日至10日内有连续3日以上法定休假日的，按休假日天数顺延。

（2）纳税申报方式

纳税申报方式是指纳税人和扣缴义务人在发生纳税义务和代扣代缴、代收代缴义务后，在其申报期限内，依照税收法律、行政法规的规定到指定税务机关进行申报纳税的形式。具体包括以下五种申报方式。

直接申报。也称上门申报，是指纳税人和扣缴义务人在规定的申报期限内，自行到税务机关指定的办税服务场所报送纳税申报表、代扣代缴、代收代缴报告表及有关资料。

邮寄申报。指经税务机关批准，纳税人、扣缴义务人使用统一的纳税申报专用信封，通过邮政部门办理交寄手续，并以邮政部门收据作为申报凭据的一种申报方式。

数据电文申报。也称电子申报，是指纳税人、扣缴义务人在规定的申报期限内，通过与税务机关接受办理纳税申报、代扣代缴及代收代缴税款申报的电子系统联网的电脑终端，按照规定和系统发出的指示输入申报内容，以完成纳税申报或者代扣代缴及代收代缴税款申报的方式。

简并征期。指实行定期定额缴纳税款的纳税人，经税务机关批准，可以采取将纳税期限合并为按季、半年、年的方式缴纳税款，具体期限由省级税务机关根据具体情况确定。

简易申报。是指实行定期定额的纳税人，通过以缴纳税款凭证代替申报或简并征期的一种申报方式。

4.2.4 增值税的征税范围和税率

增值税是以商品（含应税劳务）在流转过程中产生的增值额作为计税依据而征收的一种流转税。它是对销售货物或者提供加工、修理修配劳务以及进口货物的单位和个人就其实现的增值额征收的一个税种。

经营企业在运营过程中一定会缴纳增值税，不过由于行业及经营形式的不同，增值税税率各有不一，销售人员需对所在行业的增值税率和征税范围有所了解。

增值税的征税范围包括在中华人民共和国境内销售货物或者劳务，销售服务、无形资产、不动产以及进口货物。具体内容见表4-2。

表 4-2　增值税征税范围及税率

征税范围		税率及具体介绍
销售货物（13%）		有偿转让货物的所有权，除了部分农产品
销售劳务（13%）		指有偿提供加工、修理修配劳务
销售服务	邮政服务（9%）	指中国邮政集团公司及其所属邮政企业提供邮件寄递、邮件汇兑和机要通信等邮政基本服务的业务活动，包括邮政普通服务、邮政特殊服务和其他邮政服务
	建筑服务（9%）	指各类建筑物、构筑物及其附属设施的建造、修缮、装饰，线路、管道、设备、设施等的安装以及其他工程作业的业务活动，包括工程服务、安装服务、修缮服务、装饰服务和其他建筑服务
	交通运输服务（9%）	指利用运输工具将货物或旅客送到目的地，使其空间位置得到转移的业务活动，包括陆路运输服务、水路运输服务、航空运输服务和管道运输服务
	金融服务（6%）	指经营金融保险的业务活动，包括贷款服务、直接收费金融服务、保险服务以及金融商品转让服务
	生活服务（6%）	指满足城乡居民日常生活需求提供的各类服务活动，包括文化体育服务、教育医疗服务、旅游娱乐服务、餐饮住宿服务、居民日常服务和其他生活服务

征税范围	税率及具体介绍	
销售服务	现代服务（6%）	指围绕制造业、文化产业、现代物流产业等提供技术性、知识性服务的业务活动。包括研发和技术服务、信息技术服务、文化创意服务、物流辅助服务、租赁服务（不动产租赁9%、有形动产租赁13%）、鉴证咨询服务、广播影视服务、商务辅助服务和其他现代服务
	电信服务	基础电信服务（9%）
		增值电信服务（6%）
销售无形资产（6%）	指转让无形资产所有权或使用权的业务活动，无形资产包括技术、商标、著作权、商誉、自然资源使用权和其他权益性无形资产 需要注意的是，关于自然资源使用权，包括土地使用权、海域使用权等，税率为9%	
销售不动产（9%）	指转让不动产所有权的业务活动	

4.2.5　签订合同要缴印花税

我们都知道判断交易是否达成最重要的一个条件就是签订销售合同，销售人员所做的一切努力都是为了与客户签订销售合同。涉及签订合同，销售人员就一定要知道印花税的缴纳事宜。

印花税是对经济活动和经济交往中订立、领受具有法律效力的凭证的行为所征收的一种税。由纳税人按规定应税的比例和定额自行购买并粘贴印花税票，即完成纳税义务。

销售人员要知道合同一旦签订即使之后废除也同样要缴纳印花税。考虑到这一点，销售人员无论在拟定销售合同时，还是在签订合同前，都要仔细检查、审核合同内容，避免出现修改、作废、重签的情况。

印花税的纳税人为在中华人民共和国境内书立、领受具有法律效力的应税凭证的单位和个人。其中，单位指企业、行政单位、事业单位、军事单位、社会团体及其他单位，个人是指个体工商户和其他个人。

应税凭证主要包括以下五类，这也是印花税的一般征税范围。

①购销、加工承揽、建设工程承包、财产租赁、货物运输、仓储保管、借款、财产保险、技术合同或者具有合同性质的凭证。

②产权转移书据。

③营业账簿。

④权利、许可证照。

⑤经财政部确定征税的其他凭证。

⑥而印花税的征收税率有两种形式，即比例税率和定额税率。

比例税率。对载有金额的凭证，如各类合同及具有合同性质的凭证（包括电子形式）、产权转移书据、资金账簿，采用比例税率。

定额税率。为了简化征管手续，便于操作，对无法计算金额的凭证，采用定额税率，以件为单位缴纳一定数额的税款。

4.3　销售人员须知的票据常识

票据有广义和狭义之分，广义指各种有价证券和凭证，如股票、企业债券、发票、提单；狭义指汇票、银行本票和支票，是由出票人签发的、约定自己或者委托付款人在见票时或指定的日期向收款人或持票人无条件支付一定金额的有价证券。总的来说，票据是能够流通、担保和融资的支付工具。

在日常的交易活动中，订购商品的客户可能会选择不同的结算方式进行交易，销售人员应根据客户的结算方式，做好款项结清工作，这需要销售人员对票据常识有基本的了解。

4.3.1　领购的发票种类

发票是指一切单位和个人在购销商品、提供或接受服务以及从事其他经营活动中，所开具和收取的业务凭证，是会计核算的原始依据，也是审计机关、税务机关执法检查的重要依据。

对于公司来讲，发票主要是公司做账的依据，同时也是缴税的费用凭证；对于员工来讲，发票主要是用来报销的。企业刚开始领用的发票数量是 25 份，若不够用，可申请增量或增版。

①增量：适用于金额不高，但是开票量大的公司，如小商铺。

②增版：适用于客单价高的企业，这类企业的特点是金额大，但开票量相对较小。

企业初次领购发票时，需带上五证合一营业执照、票管人员资格证、经办人居民身份证或其他有效证件、发票购用申请单或企业自印发票申请单，在办理完税务登记的同时到当地主管地税机关发票销售窗口，领取发票领购簿按照经营项目购买发票。

再次购领发票的纳税人需带上发票购领簿、发票领用申请单、上次购买的发票存根到发票销售窗口验旧购新。

办理停业、注销、迁移登记，纳税人需带上五证合一营业执照、发票购领簿、经办人居民身份证或其他有效证件、持已使用的发票存根和未使用的普通发票到主管地税机关发票销售窗口办理发票查验缴销手续。

发票的种类繁多，主要是按行业特点和纳税人的生产经营项目分类，每种发票都有特定的使用范围。一般分为普通发票、增值税普通发票和增值税专用发票。

普通发票。一般是增值税小规模纳税人使用，增值税一般纳税人在不能开具专用发票的情况下也可使用普通发票。包括行业发票和专用发票组成，前者适用于某个行业或经营业务，如商业零售统一发票、商业批发统一发票、工业企业产品销售统一发票；后者仅适用于某一经营项目，如广告费用结算发票，商品房销售发票。

增值税普通发票。（含电子普通发票、卷式发票、通行费发票）是增值税纳税人销售货物或者提供应税劳务、服务时，通过增值税税控系统开具的普通发票。

增值税专用发票。专用于纳税人销售或者提供增值税应税项目的一种发票，是国家税务部门根据增值税征收管理需要而设定的其基本联次为三联——发票联、抵扣联和记账联。发票联作为购买方核算采购成本和增值税进项税额的记账凭证；抵扣联作为购买方报送主管税务机关认证和留存备查的凭证；记账联作为销售方核算销售收入和增值税销项税额的记账凭证。发票规格为 240 mm × 140 mm。

4.3.2　销售业务中增值税发票的填开

我们都了解增值税是在各种销售业务中产生的，有时为了方便销售活动，会让销售人员保管增值税发票，这样在当面交易或预付定金时，销售人员可以及时为客户开具发票。介于这种情况，销售人员需要掌握增值税发票填开以及填写规范的基本常识。

在实际的销售业务中，销售人员需遵守以下八条准则规范填写发票，若是稍有差错，发票就会作废。

①项目填写齐全，全部联次一次填开，上、下联的内容和金额需一致。

②字迹清楚，不得随意涂改。如填写有误，应另行开具增值税发票，并在误填的增值税发票上注明"误填作废"四字。

③发票联和抵扣联加盖单位发票专用章，不得加盖其他财务印章，发票专用章使用红色印泥。

④纳税人开具增值税发票必须预先加盖销售方信息栏戳记，不得手工填写，一律采用机器打印。销售方信息栏戳记用蓝色印泥。

⑤开具增值税发票，必须在合计（小写）栏数额前用"¥"符号封顶，在"价税合计（大写）"栏大写合计数额前用"人民币"三字封顶。

⑥购销双方单位名称必须详细填写，不得简写。如果单位名称较长，可在"名称"栏分上下两行填写，必要时可出该栏的上下横线。

⑦不得拆本使用增值税发票。

⑧发票内容应按照实际销售情况如实开具，不得根据购买方要求填开与实际交易不符的内容。

根据上述填写准则，销售人员可参考如图 4-2 所示的增值税普通发票，填开增值税发票。

四川增值税普通发票

发 票 联　　　　开票日期：2020年5月14日

购买方	名称：	甲公司全称						密码区
	纳税人识别号	甲公司纳税人识别号						
	地址、电话	甲公司营业执照上的地址和电话						
	开户行及账号	甲公司的基本账户信息						

货物或应税劳务、服务名称	规格型号	单位	数量	单价	金额	税率	税额
资料装订费				300.97	300.97	3%	9.03
A4纸		箱	5	141	705	3%	21.15
合　计							

| 价税合计（大写）：人民币壹仟零叁拾陆元壹角伍分 | （小写）¥1036.15 |

销售方	名称：	销售方全称		备注
	纳税人识别号	销售方纳税人识别号		
	地址、电话	销售方营业执照上的地址和电话		
	开户行及账号	销售方的基本账户信息		

| 复核 | 复核人签字 | 开票人： | 开票人签字 | 销售方： | 销售方的发票专用章 |

图 4-2　增值税普通发票示意图

知识延伸　遗失发票该如何处理

增值税发票非常重要，销售人员一定要妥善保管，若不慎遗失，分两种情况来处理。

一般纳税人丢失已开具发票的抵扣联，如果丢失前已认证相符的，可使用增值税发票联复印件留存备查；如果丢失前未认证的，可使用增值税发票的发票联到主管机关认证，发票联复印件留存备查。

一般纳税人丢失已开具发票的发票联，可以将发票抵扣联作为记账凭证，抵扣联复印件留存备查。

4.3.3　销售人员要学会鉴别发票的真伪

销售人员外出跑业务若产生工作支出会开具发票，有时也会收到客户开具的增值税发票。为了避免收到假发票，或是发票被调包导致企业利益受损，销售人员在拿到发票时还是要检查一下发票的真伪，我们需要先来认识一下增值税发票的基本特征，主要有以下三点。

①在发票联和抵扣联印有防伪水印图案，背面对光检查可以看到，中间有正反拼音字母"shui"。

②发票联和抵扣联中票头套印的全国统一发票监制章有红色荧光防伪标记。

③发票联和抵扣联的中间采用无色荧光油墨套印"国家税务总局监制"字样，左右两边各印有花玫图案。

根据增值税发票的这三项基本特征，销售人员可采取以下几个实用的方法鉴别发票的真伪。

查看印章。印章模糊不清、无印章，或是使用已倒闭经营户的公章，又或是印章经营范围与开票内容不符，如有的发票开具内容是副食品而盖的却是某商场服装专柜的销售专用章。

是否规范。有的发票不符合《中华人民共和国发票管理办法》的有关规定，如无开具日期。

发票版式。发票实行不定期换版制度，若是收到逾期旧版发票，销售人员应该查看是否属于废弃不用的发票。

填写字迹是否位移。税务机关指定的企业在印制装订发票时，各联次的纵横行列都是对齐的，有固定位置。如果发票各联填写的字迹有不正常的位移，那么销售人员就要考虑发票的真伪了。

查看填写内容。销售人员注意查看发票报销联的抬头、时间、数量、单价、金额等信息是否填写齐全，以及物品名称是否正确、清晰。

防伪油墨颜色。增值税发票各联次左上方的发票代码使用的是防伪油墨印制，通过外力摩擦，会产生红色擦痕，可用白纸摩擦发票代码区域来鉴别。

销售人员还可以借助工具来查验发票，更方便，也更易操作。拨打电话12366，输入"发票代码""发票号码"即可查询。或是通过市面上的税务资讯 App 所附带的发票查询服务查询，如下例所示。

实例分析 借助税问精选 App 查询发票真伪

下载并打开税问精选 App，点击主页下方的"发票"按钮进入查询页面，点击"查发票"按钮，即可扫描查询，非常便捷，如图 4-3 所示。

图 4-3　查询页面

另外，还可在国家税务总局全国增值税发票查验平台进行查验，如图 4-4 所示。

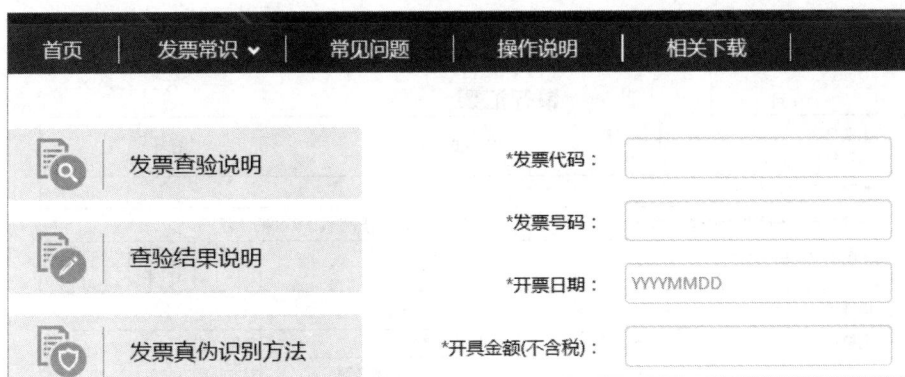

图 4-4　增值税发票查验平台

4.3.4　销售业务中常见的支付、结算手段

销售人员与不同客户交易时，遇到的客户选择的支付方式可能不同，为了顺利结算交易钱款，销售人员应该对几种常见的支付、结算手段充分认识。在日常交易中，我们会使用到的支付、结算手段主要有以下六种。

（1）银行汇票

汇票是最常见的票据类型之一，也是国际结算中使用最广泛的一种信用工具。银行汇票指由出票银行签发的，由其在见票时按照实际结算金额无条件付给收款人或者持票人的票据，付款人为其他银行。

银行汇票的出票银行为经中国人民银行批准办理银行汇票的银行。多用于办理异地转账结算和支取现金，使用灵活、票随人到、兑现性强，适用于先收款后发货或钱货两清的商品交易。

银行汇票一式四联，第一联为卡片，为兑付行支付票款时作付出传票；第二联为银行汇票，与第三联解讫通知一并由汇款人自带，在兑付行兑付汇票后此联做银行往来账付出传票；第三联解讫通知，在兑付行兑付后随报单寄签发行，由签发行做余款收入传票；第四联是多余款通知，并在签发行结清后交汇款人。如图 4-5 所示为银行汇票第二联。

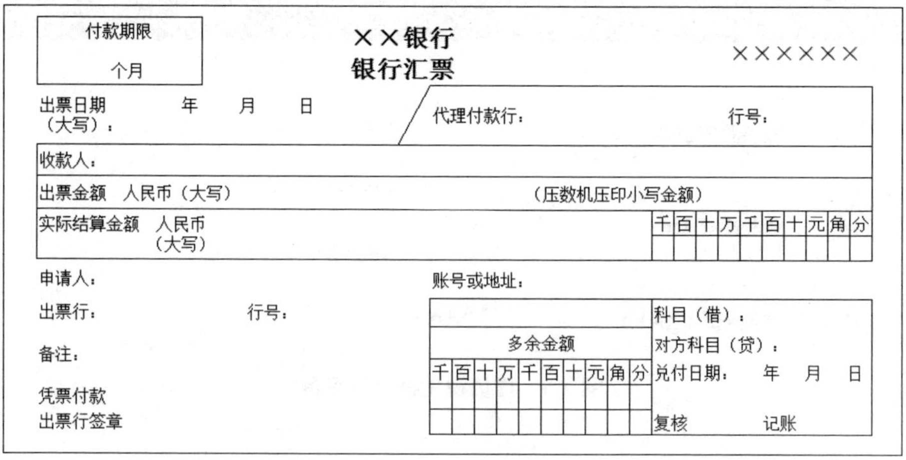

图 4-5　银行汇票第二联

银行在汇票上未记载下列规定事项之一的，汇票无效。

①表明"银行汇票"的字样。

②无条件支付的承诺。

③出票金额。

④付款人名称。

⑤收款人名称。

⑥出票日期。

⑦出票行签章（汇票专用章、经办人员名章）。

若客户采用银行汇票进行结算，销售人员何时发送货物较为合适呢？此时，销售人员必须了解银行汇票的结算流程，如图4-6所示。

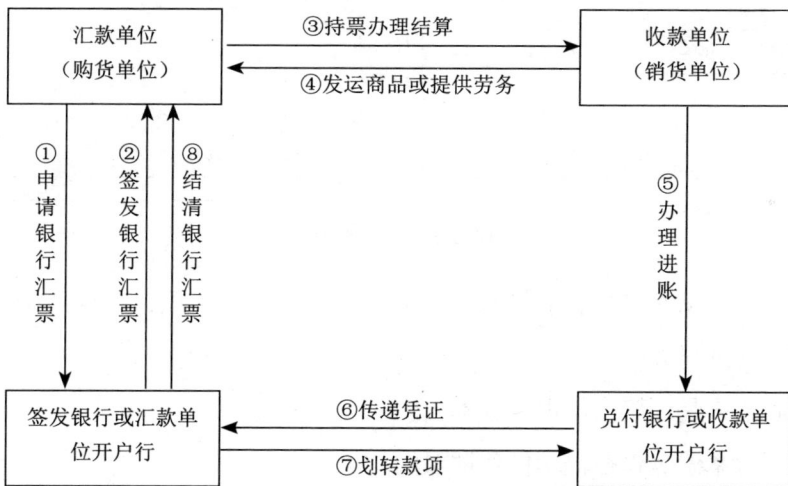

图4-6　银行汇票的结算流程

（2）银行本票

银行本票是申请人将款项交存银行，由银行签发的承诺自己在见票时无条件支付确定的金额给收款人或者持票人的票据。见票即付，不予挂失，当场抵用，付款保证程度高。银行本票按照其金额是否固定可分为不定额和定额两种。

定额银行本票。指凭证上预先印有定固定面额的银行本票，面额为1 000元、5 000元、10 000元和50 000元，其提示付款期限自出票日起最长不得超过2个月。

不定额银行本票。指凭证上金额栏是空白的，签发时根据实际需要填写金额（起点金额为100元），并用压数机压印金额的银行本票。

如图4-7所示为银行本票。

付款期限 个月

××银行
本 票

××××××

出票日期（大写） 年 月 日

收款人：			申请人：
凭票即付 人民币（大写）		（压数机压印小写金额）	
转账	现金		科目（借）： 对方科目（贷）： 付款日期： 年 月 日 出纳 复核 经办
备注		出票行签章	

图4-7 银行本票

销售人员从客户处接收银行本票时，应审查下列事项，若收到无效本票对公司来说是很大的损失。

①收款人是否确为本单位或本人。

②银行本票是否在提示付款期限内。

③必须记载的事项是否齐全。

④出票人签章是否符合规定。

⑤出票金额、出票日期、收款人名称是否更改，更改的其他记载事项是否由原记载人签章证明。

（3）汇兑

汇兑是汇款人委托银行将其款项支付给收款人的结算方式，分为电汇和信汇两种，由汇款人自行选择。这种方式便于汇款人向异地的收款人主动付款，适用范围十分广泛。

信汇。汇款人向银行提出申请，同时交存一定金额及手续费，汇出行将信汇委托书以邮寄方式寄给汇入行，授权汇入行向收款人解付一定金额。

电汇。汇款人将一定款项交存汇款银行，汇款银行通过电报或电传给目的地的分行或代理行（汇入行），指示汇入行向收款人支付一定金额。

在这两种汇兑结算方式中，信汇费用较低，但速度相对较慢。另外，汇款人对汇出银行尚未汇出的款项可以申请撤销，所以销售人员要注意等到款项真正回到公司账号才算付款成功。

（4）支票

支票是出票人签发的，委托办理支票存款业务的银行或者其他金融机构在见票时无条件支付确定的金额给收款人或者持票人的票据。支票作为结算方式，主要有下列特点。

①无起点金额限制，可支取现金或转账。

②支票的提示付款期限为自出票日起 10 天，到期日为节假日时顺延。

③支票可挂失。

④支票可以背书转让，但用于支取现金的支票不得背书转让。

（5）委托收款

委托收款是指收款人委托银行向付款人收取款项的结算方式，分邮寄和电报划回两种，由收款人选用。其结算基本流程如下。

①收款人填写邮划委托收款凭证或电划委托收款凭证并签章。

②将委托收款凭证和有关的债务证明一起提交收款人开户行，等待银行审查。

③将委托收款凭证和有关的债务证明寄交付款人开户行办理委托收款。

④付款人于接到通知的 3 日内书面通知银行付款。

⑤银行于付款人接到通知日的次日起第 4 日上午开始营业时，将款项划给收款人。

（6）信用证

信用证一般用于国际贸易，是指银行根据进口人（买方）的请求，开给出口人（卖方）的一种保证承担支付货款责任的书面凭证。信用证是纯单据业务，凭单付款，不以货物为准。只要单据相符，开证行就应无条件付款。

4.3.5　与销售活动相关的票据填写常识

销售人员在与客户交易时，常会出现当场交易的情况，这时候销售人员需要为客户开具收据，促成交易。因此，销售人员需要了解填写收据的基本规则，以免因填写的不规范与客户产生纠纷。如下所示为填写收据时应该遵守的基本规则。

①首先需要填写日期，以收到款项的当日日期如实填写。

②在填写"收到对象"时，若对象是公司，则填写公司全称。若是个人支付的现金也要填写清楚客户的名字，不能有错别字。

③收款事宜要清楚，简明扼要，对于销售人员来说将此次交易的商品、品牌、款式、货号、数量、金额这几项内容进行整理并填写即可，如"购买××款式/牌子的一件衬衣货款共××元人民币整"或是"赵××购买××款式/牌子的一件衬衣货款共××元人民币整"。根据收据的格式不同，填写方式可以随机应变。

④收款的大写金额一定要用规定的大写数字来填写，具体包括"零、壹、贰、叁、肆、伍、陆、柒、捌、玖、拾"，还需注意大写金额一定要与右侧的小写金额一致，或与收款事宜所写的金额一致。

⑤收款单位处可以只盖上单位公章或是写上本单位名称后再加盖公章。

⑥最后将第二联，一般是红色的标有客户的那一联交给付款人。

4.3.6　销售人员在发票传递过程中的工作内容

发票一般由财务部开具，在经营活动中是不可或缺的凭证。不过为了经营业务的方便性，销售人员也会经手或开具发票，这个过程中销售人员具体应该做些什么呢？

首先在合同签订阶段，销售人员应该在合同签订后立即制作销售订单，以帮助后续货物清点、发货、开出发票、货款回收工作的顺利进行。

仓库按照订货单清点好货物后，交易双方便可按约定方式完成交易，该阶段销售人员应该做好以下三项工作。

①收到货款，开具发票。

②将客户公司需要的发票联交给对方。

③将剩余发票联和货款统一交财务部，结清款项。

第 **5** 章

销售活动中涉及的财务分析

销售活动是现金流入的主要活动，对企业各项财务指标都有较大影响。而企业的经营指标也能侧面反映销售的问题，销售人员应该了解一些基本的财务分析方法，以借此改善销售工作，获得更多的利润。

- 资产负债表的格式及填制内容
- 销售人员需看懂现金流量表
- 资金周转率和存货周转率
- 现金流和经营活动现金流入流出

5.1 财务报表中与销售有关的指标

财务报表是反映企业或单位一定时期资金、利润状况的会计报表。通过财务报表企业经营人员能够了解企业经营状况，调整企业经营方向，对相关经营计划重新规划。销售人员是企业经营环节中的重要组成部分，当然应该对企业财务报表及相关指标有所了解，尤其是与销售活动有关的内容。

5.1.1 资产负债表的格式及填制内容

资产负债表为会计上相当重要的财务报表，最重要作用在于表现企业的经营状况，反映企业在某一特定日期（如月末、季末、年末）全部资产、负债和所有者权益情况，主要从以下三个方面体现。

①能够提供某一日期资产的总额及其结构，展示企业拥有或控制的资产及其分布情况。

②能提供某一日期的负债总额及其结构，展示企业未来需要用多少资产或劳务清偿债务以及清偿时间。

③能反映所有者所拥有的权益，据以判断资本保值、增值的情况以及对负债的保障程度。

资产负债表需满足"资产 = 负债 + 所有者权益"平衡式，在报表中应按以下规则列示。

①资产应当按照流动资产和非流动资产两大类别在资产负债表中列示，在流动资产和非流动资产类别下进一步按性质分项列示。

②负债应当按照流动负债和非流动负债在资产负债表中进行列示，在流动负债和非流动负债类别下再进一步按性质分项列示。

③所有者权益一般按照实收资本、资本公积、盈余公积和未分配利润分项列示。

④资产负债表左侧列示的是有关资产的项目，而右侧列示的是负债和所

有者权益的有关项目。

如图 5-1 所示为资产负债表的基本结构。

资产负债表

会企 01 表

编制单位：　　　　　　　　　　　年　月　日　　　　　　　　　　　　单位：元

资产	期末余额	年初余额	负债和所有者权益（或股东权益）	期末余额	年初余额
流动资产：			流动负债：		
货币资金			短期借款		
交易性金融资产			交易性金融负债		
衍生金融资产			衍生金融负债		
应收票据			应付票据		
应收账款			应付账款		
预付款项			预收款项		
其他应收款			合同负债		
存货			应付职工薪酬		
合同资产			应交税费		
持有待售资产			其他应付款		
一年内到期的非流动资产			持有待售负债		
其他流动资产			一年内到期的非流动负债		
流动资产合计			其他流动负债		
非流动资产：			流动负债合计		
债权投资			非流动负债：		
其他债权投资			长期借款		
长期应收款			应付债券		
长期股权投资			其中：优先股		
其他权益工具投资			永续债		
其他非流动金融资产			租赁负债		
投资性房地产			长期应付款		
固定资产			预计负债		
在建工程			递延收益		
生产性生物资产			递延所得税负债		
油气资产			其他非流动负债		
使用权资产			非流动负债合计		
无形资产			负债合计		
开发支出			所有者权益（或股东权益）：		
商誉			实收资本（或股本）		
长期待摊费用			其他权益工具		
递延所得税资产			其中：优先股		
其他非流动资产			永续债		
非流动资产合计			资本公积		
			减：库存股		
			其他综合收益		
			专项储备		
			盈余公积		
			未分配利润		
			所有者权益（或股东权益）合计		
资产总计			负债和所有者权益（或股东权益）总计		

图 5-1　资产负债表

5.1.2 销售人员需看懂现金流量表

现金流量表是财务报表的三个基本报表之一，是在一固定期间（如月度、季度或年度）内，企业经营活动、投资活动和筹资活动对其现金及现金等价物所产生影响的财务报表。其基本格式如图5-2所示。

现金流量表

会企03表

编制单位：　　　　　　　　　　　年　月　　　　　　　　　　　单位：元

项目	本月金额	本年累计金额
一、经营活动产生的现金流量：		
销售商品、提供劳务收到的现金		
收到的税费返还		
收到其他与经营活动有关的现金		
经营活动现金流入小计		
购买商品、接受劳务支付的现金		
支付给职工以及为职工支付的现金		
支付的各项税费		
支付其他与经营活动有关的现金		
经营活动现金流出小计		
经营活动产生的现金流量净额		
二、投资活动产生的现金流量：		
收回投资收到的现金		
取得投资收益收到的现金		
处置固定资产、无形资产和其他长期资产收回的现金净额		
处置子公司及其他营业单位收到的现金净额		
收到其他与投资活动有关的现金		
投资活动现金流入小计		
购建固定资产、无形资产和其他长期资产支付的现金		
投资支付的现金		
取得子公司及其他营业单位支付的现金净额		
支付其他与投资活动有关的现金		
投资活动现金流出小计		
投资活动产生的现金流量净额		
三、筹资活动产生的现金流量：		
吸收投资收到的现金		
取得借款收到的现金		
收到其他与筹资活动有关的现金		
筹资活动现金流入小计		
偿还债务支付的现金		
分配股利、利润或偿付利息支付的现金		
支付其他与筹资活动有关的现金		
筹资活动现金流出小计		
筹资活动产生的现金流量净额		
四、汇率变动对现金及现金等价物的影响		
五、现金及现金等价物净增加额		
加：期初现金及现金等价物余额		
六、期末现金及现金等价物余额		

图5-2　现金流量表

作为一个分析的工具，现金流量表的主要作用是决定公司短期生存能力，特别是缴付账单的能力。主要通过现金流入和流出情况反映企业的现金问题，如果一家公司经营活动产生的现金流无法支付股利与保持股本的生产能力，它就要用借款的方式满足这些需要，那么该公司可能从长期看无法维持正常支出，需要改善经营方式。

从图 5-2 我们可以看出企业的经济活动不一样，所产生的现金流量就不一样，一般分为三种情况。

①经营活动产生的现金流量，主要包括销售商品或提供劳务、购买商品、接受劳务、支付工资和缴纳税款等流入和流出的现金和现金等价物。

②投资活动产生的现金流量，投资活动指企业长期资产的构建和不包括在现金等价物范围内的投资及其处置活动，产生的现金流量主要包括购建固定资产、处置子公司及其他营业单位等流入和流出的现金和现金等价物。

③筹资活动产生的现金流量，筹资活动指导致企业资本及债务规模和构成发生变化的活动，主要产生吸收投资、发行股票、分配利润、发行债券、偿还债务等流入和流出的现金和现金等价物。

销售人员应该重点关注经营活动产生的现金流量，可了解销售团队当月及当年销售商品或提供服务的总额，了解销售部门的实力，进而思考有可能改进的空间。

5.1.3　与销售业务密切相关的利润表的填制项目

利润表是反映企业在一定会计期间的经营成果的财务报表，利润表一般分为表首、正表两部分。其中表首说明报表名称编制单位、编制日期、报表编号、货币名称、计量单位等；正表是利润表的主体，反映形成经营成果的各个项目和计算过程。

利润表正表的格式有两种，单步式利润表和多步式利润表。在国内，企业一般采用多步式利润表。

多步式利润表是通过对当期的收入、费用、支出项目按性质加以归类，按利润形成的主要环节列示一些中间性利润指标，如营业利润、利润总额、净利润，分步计算当期净损益。其结构如图 5-3 所示。

<table>
<tr><td colspan="3" style="text-align:center">利润表</td></tr>
<tr><td colspan="3" style="text-align:right">会企 02 表</td></tr>
<tr><td>编制单位：   年 月</td><td></td><td style="text-align:right">单位：元</td></tr>
<tr><td>项目</td><td>本期金额</td><td>上期金额</td></tr>
<tr><td>一、营业收入</td><td></td><td></td></tr>
<tr><td>减：营业成本</td><td></td><td></td></tr>
<tr><td>税金及附加</td><td></td><td></td></tr>
<tr><td>销售费用</td><td></td><td></td></tr>
<tr><td>管理费用</td><td></td><td></td></tr>
<tr><td>研发费用</td><td></td><td></td></tr>
<tr><td>财务费用</td><td></td><td></td></tr>
<tr><td>其中：利息费用</td><td></td><td></td></tr>
<tr><td>利息收入</td><td></td><td></td></tr>
<tr><td>加：其他收益</td><td></td><td></td></tr>
<tr><td>投资收益（损失以"-"号填列）</td><td></td><td></td></tr>
<tr><td>其中：对联营企业和合营企业的投资收益</td><td></td><td></td></tr>
<tr><td>以摊余成本计量的金融资产终止确认收益（损失以"-"填列）</td><td></td><td></td></tr>
<tr><td>净敞口套期收益（损失以"-"号填列）</td><td></td><td></td></tr>
<tr><td>公允价值变动收益（损失以"-"号填列）</td><td></td><td></td></tr>
<tr><td>信用减值损失（损失以"-"号填列）</td><td></td><td></td></tr>
<tr><td>资产减值损失（损失以"-"号填列）</td><td></td><td></td></tr>
<tr><td>资产处置收益（损失以"-"号填列）</td><td></td><td></td></tr>
<tr><td>二、营业利润（亏损以"-"号填列）</td><td></td><td></td></tr>
<tr><td>加：营业外收入</td><td></td><td></td></tr>
<tr><td>减：营业外支出</td><td></td><td></td></tr>
<tr><td>三、利润总额（亏损总额以"-"号填列）</td><td></td><td></td></tr>
<tr><td>减：所得税费用</td><td></td><td></td></tr>
<tr><td>四、净利润（净亏损以"-"号填列）</td><td></td><td></td></tr>
<tr><td>（一）持续经营净利润（净亏损以"-"号填列）</td><td></td><td></td></tr>
<tr><td>（二）终止经营净利润（净亏损以"-"号填列）</td><td></td><td></td></tr>
<tr><td>五、其他综合收益的税后净额</td><td></td><td></td></tr>
<tr><td>（一）不能重分类进损益的其他综合收益</td><td></td><td></td></tr>
<tr><td>1.重新计量设定受益计划变动额</td><td></td><td></td></tr>
<tr><td>2.权益法下不能转损益的其他综合收益</td><td></td><td></td></tr>
<tr><td>3.其他权益工具投资公允价值变动</td><td></td><td></td></tr>
<tr><td>4.企业自身信用风险公允价值变动</td><td></td><td></td></tr>
<tr><td>……</td><td></td><td></td></tr>
<tr><td>（二）将重分类进损益的其他综合收益</td><td></td><td></td></tr>
<tr><td>1.权益法下可转损益的其他综合收益</td><td></td><td></td></tr>
<tr><td>2.其他债权投资公允价值变动</td><td></td><td></td></tr>
<tr><td>3.金融资产重分类计入其他综合收益的金额</td><td></td><td></td></tr>
<tr><td>4.其他债权投资信用减值准备</td><td></td><td></td></tr>
<tr><td>5.现金流量套期储备</td><td></td><td></td></tr>
<tr><td>6.外币财务报表折算差额</td><td></td><td></td></tr>
<tr><td>……</td><td></td><td></td></tr>
<tr><td>六、综合收益总额</td><td></td><td></td></tr>
<tr><td>七、每股收益：</td><td></td><td></td></tr>
<tr><td>（一）基本每股收益</td><td></td><td></td></tr>
<tr><td>（二）稀释每股收益</td><td></td><td></td></tr>
</table>

图 5-3　利润表

从图 5-3 可以了解到利润表分为"项目""本期金额""上期金额"三列。"本期金额"栏根据主营业务收入、主营业务成本、税金及附加、管理费用、销售费用、财务费用、投资收益、公允价值变动损益、资产减值损失、营业外收入、营业外支出、所得税费用等科目的发生额分析填列。"上期金额"栏则根据利润表"本期金额"栏内所列数字填列。

销售人员通过对利润表内各科目的填列能够对三方面的情况有所了解，即一定会计期间收入的实现情况、费用耗费情况，以及企业经济活动成果的实现情况，从中可以了解企业经营活动是否安排合理，是否能为企业带来相应的利润。

5.1.4　市场占有率：反映企业的竞争力

市场占有率又称市场份额，指某企业某一产品（或品类）的销售量（或销售额）在市场同类产品（或品类）中所占比重。市场占有率是公司产品竞争力的体现，销售人员在介绍产品的时候，市场占有率是一个很重要的指标。

市场占有率与销售量、销售额有密不可分的关系，且因市场划定的范围不同，市场占有率的计算方式也存在差别，主要有以下四种测算方式。

总体市场。指该企业的销售量（额）在整个行业中所占的比重。

目标市场。指该企业的销售量（额）在其目标市场所占的比重，企业的目标市场范围小于或等于整个行业市场，因而其目标市场份额总是大于总体市场份额。

三大竞争者。指企业的销售量和市场上最大的三个竞争者的销售总量之比。下面通过一个案例来看看具体如何计算。

某企业总体市场为 30%，其在市场上竞争最大的三个企业的市场占有率分别为 30%、20%、10%，该企业的相对市场占有率计算如下：

30% ÷（30%+20%+10%）= 30% ÷ 60% = 50%

通过以上公式计算我们可知该企业的相对市场占有率达到了50%。根据市场规律，企业的相对市场占有率若能达到33%，则说明企业在市场中具有较强的竞争力，案例中该公司占据了一半的市场占有率，说明该公司是行业的龙头企业，可向更大的市场发展。

最大竞争者。指企业的销售量与市场上最大竞争者的销售量之比，若高于100%，表明该企业是市场的"领头羊"。

可以说销售与市场占有率呈相辅相成的关系，市场占有率高，销售人员才能更好地拓展客户，推销产品的成功率也会高出许多。反过来，销售人员不断营销，提高销售额或销售量，市场占有率也会随之提高。

现在市场竞争力那么大，若不能有效提高市场占有率，则很有可能被其他企业取代，所以企业营销部应该重视提高市场占有率的策略，不要只知埋头销售。具体有哪些应对策略呢？

①产品对标客户，找准目标客户，才能把产品卖给需要的人，提高销售额，提高市场占有率。

②优化产品，根据销售人员从客户处收集到的产品意见，或是一线消费者建议，对产品的功能和包装进行设计。

③注重产品特性，对于更新换代快的产品，如手机等电子产品，市场份额总会经历一个快速增长、快速减退的过程，所以要把握住新一代产品的更新时机，要在旧款产品被完全替代之前，推出新产品，抢占市场份额。

④营销部还应该多方考察市场上同类产品的售价，在可能的情况下提高产品价格，提高销售额及市场占有率。

⑤提高企业商品的无形资产也能提高产品市场占有率。

5.1.5 盈亏平衡点：了解企业的保本收益

在前面的内容中，我们知道了盈亏平衡点，但是作为销售人员还要进一步了解盈亏平衡点分析企业的保本收益，因为通过盈亏平衡点可以找到成本与收益的平衡，从而提高利润。盈亏平衡点示意图如图 5-4 所示。

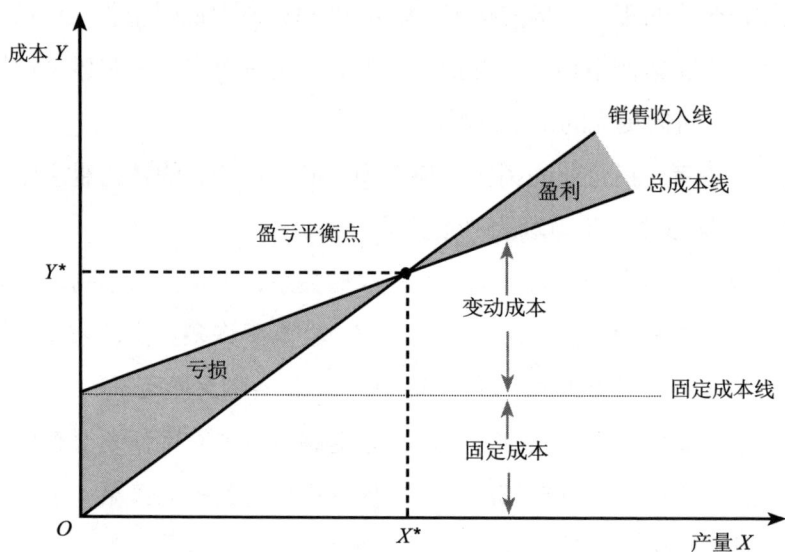

图 5-4　盈亏平衡示意图

通过对盈亏平衡点进行计算，企业可以确定保本产量，进而对生产数量和销售计划进行合理设计，如下例所示。

实例分析 通过计算盈亏平衡点确定保本产量

某企业要设计开发一款新的产品，是对旧款产品的一次优化，为了保证盈利，该企业事前需对产量和销售量进行估计和预测。可通过盈亏平衡点进行大致的计算，表 5-1 所示为项目信息。

表 5-1　项目信息

项　　目	金额（单位：元）
固定成本 / 固定费用	35 000
产品单价	60
材料成本 / 变动成本	20

通过已知的这三项核算要素，计算盈亏平衡点如下。

盈亏平衡点 = 固定费用 ÷（产品单价 − 变动成本）= 35 000 ÷（60−20）= 875

计算结果告诉我们，企业至少要生产 875 件商品才能保本，若要盈利无论生产或是销售都要超过 875 件，销售人员也可根据此计算结果设计销售计划，让销售量保持在 875 件之上。

5.1.6　毛利率、销售成本率和净利润率

毛利率、销售成本率和净利润率这些指标都与销售活动有关，销售人员要想提高自己的销售业绩，需要通过这些指标了解实际的销售成果，下面分别来了解这些指标。

（1）毛利率

毛利率是毛利与销售收入（或营业收入）的百分比，其中毛利是收入和与收入相对应的营业成本之间的差额。销售人员要想提高毛利率，首先就要对影响毛利率的一些因素进行了解，如下所述。

市场成熟度。若市场饱和，则同类产品竞争力较大，难以在价格上找到优势，只能依据市场行情来定价，赚取平均毛利率；若市场竞争小，同类产品少，可利用产品功能等优势提高商品价格，赚取更高的毛利率。

企业营销策略。营销策略对产品定价有很大的影响，在打开市场的初期，可能会为了销售量而调低进价，而在有一定市场竞争力的时候，企业就容易提高产品售价，如我们常见的品牌溢价，这时产品的毛利率就较高。

研发成本。若公司需重新研发产品，并投入大量的研发成本，这样能提高产品优势和售价，回本后的毛利率比起一般的产品会高出许多，尤其是专利产品。

固定成本。除了原材料以外，企业在生产产品的过程中还会投入一些固定成本，包括厂房、办公室租金、生产设备等，这些是生产设备的固定支出，且费用不小。若固定成本投入较多，企业只有提高销售量或产品售价才能保证毛利。

产品零件外加工。有的商品生产需要经过多次加工，若全部由本公司生

产，那么成本可以降到最低。若需要零件外加工，就要额外支出加工费用，这样企业的毛利就变低了。

毛利率如何计算呢？主要有如下三种计算公式。

毛利率 = 毛利 ÷ 营业收入 ×100%

= （销售收入 − 销售成本）÷ 销售收入 ×100%

= （不含税售价 − 不含税进价）÷ 不含税售价 ×100%

上述公式大同小异，在不同情况下有不同的运用，下面通过案例来了解这几个公式的运用。

实例分析 毛利率计算公式的不同运用

【例1】

某企业日前购进了一批商品，不含税进价为8元，稍微包装了一下就准备投入市场售卖，该商品不含税售价14元，销售人员该如何核算其毛利率？根据已知的条件，毛利率计算如下。

毛利率 = （不含税售价 − 不含税进价）÷ 不含税售价 ×100%

= （14−8）÷ 14.00 ×100%=42.86%

【例2】

某企业购进一批商品，不含税进价350元，含税售价545元，增值税率9%，这种销售模式下，要核算商品的毛利率首先要知道商品的不含税售价，毛利率计算如下。

不含税售价 = 含税售价 ÷ （1+ 增值税税率）

=545 ÷ （1+9%）=500 元

知道不含税售价后，便可通过相应公式对毛利率进行核算。

毛利率 = （不含税售价 − 不含税进价）÷ 不含税售价 ×100%

= （500−350）÷ 500 ×100%=30%

【例3】

某企业购进一批商品，不含税进价30元，为了以后长期合作，厂商给了

3% 的折扣，该商品的增值税税率为 13%。预计近期就要上市销售，为了完成公司的发展规划，这批商品需要达到 10% 的毛利率。在此种情况下，销售人员在售出这批商品时，至少需要卖出多少价钱呢？

要解决这个问题，首先需要得到不含税进价，有了 3% 的折扣，该批商品的不含税进价为：$30-30\times3\%=29.10$ 元

根据公式"毛利率 =（不含税售价 - 不含税进价）÷ 不含税售价 × 100%"和"不含税售价 = 含税售价 ÷（1+ 增值税率）"，可以得出含税售价的公式如下所示。

含税售价 = 不含税进价 ×（1+ 增值税率）÷（1- 毛利率）

$$=29.10\times（1+13\%）÷（1-10\%）\approx 36.54（元）$$

（2）销售成本率

销售成本率与毛利率相对应，用以反映企业每单位销售收入所需的成本支出。计算公式如下。

销售成本率 = 销售成本 ÷ 销售收入净额 ×100%

从上述公式我们可对销售成本与销售收入的关系有一个简单了解，若销售成本率为 10%，则代表每 100 元销售收入中包含 10 元的销售成本。可见，销售成本率越大，企业获得的利润越低。若是销售成本率偏高，说明企业的经营可能存在问题，企业需要重新制定销售策略、生产计划、采购计划，减少销售的成本。

（3）净利润率

净利润率是指经营所得的净利润占销货净额的百分比，或占投入资本额的百分比，能综合反映一个企业或行业的经营效率。净利润率的计算公式如下所示：

净利润率 =[净利润 ÷（营业收入 + 营业外收入）] × 100%

在实际核算中我们还需要一些辅助的公式，销售人员还需稍加了解。

净利润 = 利润总额 ×（1 - 所得税率）

利润总额 = 营业利润 + 营业外收入 - 营业外支出

营业利润 = 营业收入 - 营业成本 - 税金及附加 - 期间费用 - 资产减值损失 + 公允价值变动收益 - 公允价值变动损失 + 投资收益（- 投资损失）

计算净利润一般会涉及企业所得税，所得税率愈高，净利润就愈少。我国企业所得税率主要有两项，即 25% 和 20%，通过下例我们来看看实际核算的相关程序。

实例分析 净利润率计算分析

某经营家电产品的商店，一年的营业收入为 600 万元，本年出售家电 4 000 台，平均每台家用电器的平均进价为 1 000 元，员工一年的工资 40 万元，房屋租赁等开支为 5 万元，年缴纳增值税额为 40 万元，企业所得税率为 25%，则该电器商店的净利润率该如何计算呢？

首先根据增值税额可以计算出该商店应缴纳的城建税和教育费附加，如下所示。

城建税 = 增值税额 × 城建税税率 =40×7%=2.80（万元）

教育费附加 = 增值税额 × 教育费附加税率 =40×3%=1.20（万元）

则这家电器商店的利润总额为：年营业收入 - 营业成本 - 税金及附加 - 期间费用。

根据利润总额可以计算出净利润额如下：

净利润 = 利润总额 ×（1 - 所得税率）=（600-4 000×0.1-40-5-2.80-1.20）×（1-25%）=151.00×（1 - 25%）=113.25（万元）

忽略营业外收入，该商店的净利润率如下。

净利润率 =[净利润 ÷（营业收入 + 营业外收入）]×100%

=113.25÷600×100% ≈ 18.88%

从上例中我们可以了解到对净利润有较大影响的因素包括各种税金、期间费用和营业成本，只有年营业收入大大高于各种税金、营业成本和期间费用，企业才能获利。因此，营销部应从两方面入手，一面提高年营业收入，一面降低营业成本，制订好合适的营销策略。

5.1.7　资金周转率和存货周转率

销售人员除了营销产品为公司创造利润以外，还要考虑货款回收的问题，让企业资金合理流动，而资金周转率和存货周转率能够展现企业资金流动是否正常，帮助销售人员做好自己的工作。

◆　资金周转率

资金周转率是反映资金流转速度的指标。企业资金（包括固定资金和流动资金）在生产经营过程中不间断地循环周转，使企业取得销售收入。企业应尽可能减少资金占用，取得更多的销售收入，加快资金周转的速度，提高资金利用效果。

资金周转速度可以用资金在一定时期内的周转次数表示，也可以用资金周转一次所需天数表示。其计算公式如下：

资金周转率 = 本期主营业务收入 ÷[（期初占用资金 + 期末占用资金）÷2]

如下例所示为通过该公式计算资金周转率的实际流程。

某企业一年的销售收入总额为 4 000 万元，按年平均占用的固定资产（原值）和流动资金总额为 2 000 万元，依据公式可得出资金周转率。

资金周转率 =4 000÷2 000=2

资金周转天数 =360÷2=180（天）

即企业每年周转 2 次，每次周转需要 180 天。

企业若能加快资金周转，便可节约资金。在一定的生产规模和销售收入的情况下，把资金周转率提高一倍，可以节约一半的资金。

◆　存货周转率

存货周转率又名库存周转率，是企业一定时期营业成本（销货成本）与平均存货余额的比率。用于反映存货的周转速度，即存货的流动性及存货资金占用量是否合理，促使企业在保证生产经营连续性的同时，提高资金的使用效率，增强企业的短期偿债能力。它是衡量和评价企业购入存货、投入生产、销售收回等各环节管理状况的综合性指标。

存货周转率有两种不同计价基础的计算方式，分别如下所述。

①以成本为基础的存货周转率，一定时期内企业销货成本与存货平均余额间的比率，它反映企业流动资产的流动性，主要用于流动性分析。

成本基础的存货周转次数＝营业成本 ÷ 存货平均余额＝销货成本

②以收入为基础的存货周转率，即一定时期内企业营业收入与存货平均余额间的比率，主要用于获利能力分析。

收入基础的存货周转次数＝营业收入 ÷ 存货平均余额

其中，存货平均余额公式如下。

存货平均余额＝（期初存货＋期末存货）÷2

期末存货＝流动资产－速动资产＝流动负债×（流动比率－速动比率）

一般来讲，存货周转速度越快，存货的占用水平越低，流动性越强，存货转换为现金、应收账款等的速度越快。

5.1.8　应收账款周转率：了解企业货款的回款速度

应收账款是指企业在正常的经营过程中因销售商品、产品、提供服务等业务，应向购买企业收取的款项。应收账款周转率是企业在一定时期内赊销净收入与平均应收账款余额之比。应收账款若能及时收回，企业的资金使用效率便能大幅提高。

该指标除了能够衡量应收账款周转速度以外，还能反映销售人员的工作效率和能力，以及企业的管理能力。计算公式如下。

应收账款周转率＝赊销收入净额 ÷ 应收账款平均余额 ×100%

从计算公式我们可以看出，应收账款周转率越高越好，应收账款周转率越高，越能说明企业具备以下一些优势。

①赊账较少，收账速度快，账龄较短。

②企业资产流动性强，短期偿债能力强。

③可以减少坏账损失。

与应收账款周转率相关的数据为应收账款周转天数，也称为应收账款的收现期，表明从销售开始到回收现金平均需要的天数。计算公式如下。

应收账款周转天数 =360÷ 应收账款周转率

一个经营成熟的企业应该规定合适的应收账款周转天数，销售人员按期进行收款，保证企业的资金回流。而设计合适的应收账款天数要考虑多方面的内容，包括经营类型、结算手段及行业平均水平等。

5.2　销售活动中的现金流问题

销售工作在各个方面都与财务工作产生关联，销售收入、应收账款、卖出货物数量等都会在一定程度上影响各种财务数据，而作为合格的销售人员也要明白各个经营环节之中内在的关系，这样才能采取最佳的销售手段。

5.2.1　现金流和经营活动现金流入流出

现金流量是指企业一定时期的现金和现金等价物的流入和流出的数量。一般来说销售商品、提供劳务、出售固定资产、收回投资、借入资金等经营活动，形成了企业的现金流入；购买商品、接受劳务、购建固定资产、现金投资、偿还债务等，形成了企业的现金流出。

通过现金流状况能够评估企业的经营状况是否良好，是否有足够的现金偿还债务，以及资产的变现能力等。在现金流量表中，现金流量分为三大类：经营活动现金流量、投资活动现金流量和筹资活动现金流量。

其中经营活动现金流量与销售工作有很大关联，指企业投资活动和筹资活动以外的所有的交易和事项产生的现金流量，比起净利润率，经营活动现金流量更能反映企业实际的经营成果。

我们可以通过现金流入和支出的主要类别直接反映来自企业经营活动的现金流量，这样便可清楚企业经营活动现金流的来源和用途，帮助我们预测企业未来的现金流向，指导销售策略。经营活动现金流入和流出的主要项目见表5-2。

表 5-2　经营活动现金流入和流出的主要项目

现金流向	主要项目
现金流入	①销售商品、提供劳务收到的现金 ②收到的税费返还 ③收到的其他与经营活动有关的现金
现金流出	①购买商品、接受劳务支付的现金 ②支付给职工以及为职工支付的现金 ③支付的各项税费 ④支付的其他与经营活动有关的现金

现金流量的流入流出可以反映企业的各种经营状况，涉及的公式如下。

经营活动现金流量净额 = 经营活动现金流入 − 经营活动现金流出

若经营活动现金流量净额为负数，企业要么处于产品初创期，要么处于衰退期。企业初创期需要投入大量资金，增大生产量，打开市场，所以会有负债，同时会进行各种融资活动，经营所得较少。进入衰退期后，产品市场份额下降，经营所得也在减少，企业需减少投资以应对债务。

若经营活动现金流量净额为正数，则企业处于高速发展或产品成熟期。在高速发展期，企业的市场份额快速增长，销售额增加，企业内有大量可用资金，可提供企业后续发展；在产品成熟期，企业市场份额较为稳定，可以获得稳定的经营所得，不过需偿还许多外部资金。

5.2.2　现金的循环周期

现金循环周期是企业在经营中从付出现金到收到现金所需的平均时间。

现金循环周期决定企业资金使用效率，其变化会直接影响需要营运资金的数额，现金周期缩短是企业效益提升的一个关键指标，绩优企业在现金周期上具有比一般企业少 40 ～ 65 天。相关公式如下：

$$现金循环周期 = 存货转换期间 + 应收账款转换期间 - 应付账款递延期间$$
$$= 生产经营周期 - 应付账款平均付款期$$

对于现金循环公式中的相关名词，销售人员只有了解其含义才能完全掌握该计算公式。

存货转换期间。存货转换期间即企业将生产零件或原物料制造为产品，并将产品售出所需的时间。原材料只有变为产品才能产生价值，所以存货转换期间越短越好。

应收账款转换期间。应收账款转换期间是指应收账款收回现金所需的时间，站在企业运营的角度当然是越短越好，存货转换期间与应收账款转换期间合称为营业循环周期。

应付账款递延期间。应付账款递延期间指自购进原料或雇佣人工至支付价款及工资所递延的平均天数，通常为 30 天。

通过下例我们可以简单了解销售活动中的现金流动过程。

实例分析 **从产品生产到上市销售的现金流动过程**

某公司生产家用电器，根据其市场份额计算，销售部预测其每季度的销量为 5 000 台。为了保证销量，该公司会提前订购生产家用电器所需的零件，并通过赊购方式进行结算。每次采购后，工人就开始生产家用电器，工人工资于每月 10 号结算。

待产品上市销售后，销售人员多采用赊销的方式完成交易，这样就有可能造成无法结算采购金和工人工资的情况，此时企业会从银行借款以满足资金周转。

从上例中，我们对企业经营活动中各个环节的现金流向进行分析，从中看出企业的基本经营策略，以及该经营方式对流动资金的影响。

①企业采购采取赊购，在采购环节不会支出现金，仅发生应付账款，对现金流量并无影响。

②员工工资多是月结，所以企业每月都会发生应付工资。

③销售时有现金交易也有赊销，现金交易在实际交易中占少部分。而大部分赊销会导致现金不会及时流入，企业可能选择银行贷款来完成有关支出。等到一定期限后，公司收回货款，完成现金流量循环。在此环节中，我们都知道借款是保证公司运营的基本操作。

销售人员应该能够明白尽量缩短循环周期的天数，能大大提高资金运用效率及企业收益，可通过缩短存货周转期和应收账款周转期，延长应付账款付款期来缩短现金循环周期。具体操作可从压缩收款流程、优化贷款支付过程、延长贷款支付时间、集中支付账户、设立零余额账户、远距离付款等方面入手。

5.2.3 熟知现金管理制度与销售活动的联系

销售人员都清楚现金流入和流出反映了各项经营活动，现金流入和流出的时间期限也对公司的经营利润有很大影响，所以严格控制现金流入和流出的方式、流程以及时间期限，能够对规范企业经营，让企业按期获得稳定增长的营业利润。

因此，企业必须通过制度来规范现金流向，很多企业都会设置现金流管理制度，如下所示。

实例分析 通过现金流管理制度规范公司现金流入流出

公司现金流管理制度

第一章 总 则

第一条 为加强现金管理，规范现金结算行为，根据国家《现金管理暂行条例》的要求，结合本公司实际情况，特制定本制度。

第二条 本制度适用于公司所属各单位。

第二章　现金支出管理

第三条　现金使用范围

1. 员工绩效工资、季度兑现、补贴、奖金、医药费和其他人支出。

2. 差旅费、培训费、业务招待费等。

3. 司机的燃油费、过路费、过桥费、行车费等。

4. 食堂备用金。

5. 维修费及所需的零配件等其他材料费。

6. 结算起点以下的零星支出，及公司领导批准的其他开支。

第四条　现金使用限额为 1 000 元，超过限额的，原则上应以转账支票或电汇等方式支付。

第三章　库存现金管理

第五条　库存现金实行库存限额管理，公司按国家规定保留一定数额的库存现金。日常零星开支所需库存现金限额为 3 000 元。

第六条　库存现金量不得超过规定库存限额，超过的部分必须于当日存入银行。

第七条　公司现金必须存放在财务计划部的保险柜内。

第四章　现金出纳职责

第八条　出纳员应当建立健全现金账簿，逐笔记载现金收付，每日核对账款是否相符，每月核对账账、账实是否相符，做到日清月结。

第九条　对于违反规定的收支，出纳人员有权拒绝办理。

第十条　对于内容不详、手续不全、数字有误的凭证，应当予以退回，要求补办手续，更正错误；遇有伪造、涂改凭证等虚报冒领的，应及时向领导反映。

第十一条　收付完毕，出纳人员应在原始凭证上加盖"现金收讫"或"现金付讫"印章。

第十二条　作废的原始凭证须加盖"作废"章并妥善保存。

第十三条　出纳收到业务单位或个人交纳的现金，必须开具收款收据，并加盖"现金收讫"印章或"财务专用章"。

第十四条　不得坐支现金。公司支付现金，只可以从库存现金限额中支付或从开户银行提取，不得从本公司的现金收入中直接支付。

第十五条　不准挪用现金，也不准利用银行账户代其他单位和个人存取现金。

第十六条　不准白条抵库，不准套取库存现金。

第十七条　不准保留账外公款，不准公款私存，不准私设小金库。

第十八条　财务负责人应定期或不定期对出纳员的库存现金进行清查、盘点，每月15日、30日编写库存现金盘点表，如有长短款，应查明原因及时处理。

第十九条　现金出纳相关业务需由银行会计复核。

第五章　现金支付业务办理

第二十条　现金支付须有完整的支付手续，由经办人填写相关单据，经财务计划部门出纳人员审核后，按如下流程签字：本部门主任、归口部门负责人、主管经理、公司领导、财务负责人。公司所有现金支付业务都遵循此签字规定，下述业务办理描述中不再赘述。

第二十一条　公司员工（借款人）因工作需要借用现金，按"借款管理制度"中相关规定办理借款手续。

第二十二条　物资采购的现金支出，先提货后付款的凭采购单、入库单、购物发票办理，先付款后提货的凭填列详细的借款单办理。

第二十三条　差旅费支付凭差旅费报销单、发票等办理。

第二十四条　市内交通费、高速费、业务招待费、招聘费、办公费等日常性支出凭费用报销单、发票等办理，会议费支出还需凭相关会议通知办理。

第二十五条　各种补贴支出，须凭补助及补贴明细表与领款单办理，以上补贴支出需由本人签字。

第二十六条　各种奖励支出，凭领导签字的专项基金申请及发放表或"公司奖惩请示"办理。

第二十七条 借款或报销金额合计在 1 000 元以上的,需提前一天通知财务部备款。

第二十八条 报销单填列要字迹清晰完整,摘要描述简洁明了,不得涂改,内附票据要与报销事由相符,且填开需完整准确,公司全称、税号、摘要、金额大小写等项目齐全。

第六章 附 则

第二十九条 本制度的制定、修改、解释权归公司财务部所有。

第三十条 本制度自发布之日起开始执行。

该制度主要对现金支出管理、库存现金管理、现金出纳职责和现金支付业务办理这四个方面的内容进行规范,销售人员也可从这些内容了解到规范现金使用、报销的重要性,规范自己的工作。

5.2.4 控制销售成本费用

销售成本是指已销售产品的生产成本或已提供劳务的劳务成本以及其他销售的业务成本,其基本组成如图 5-5 所示。

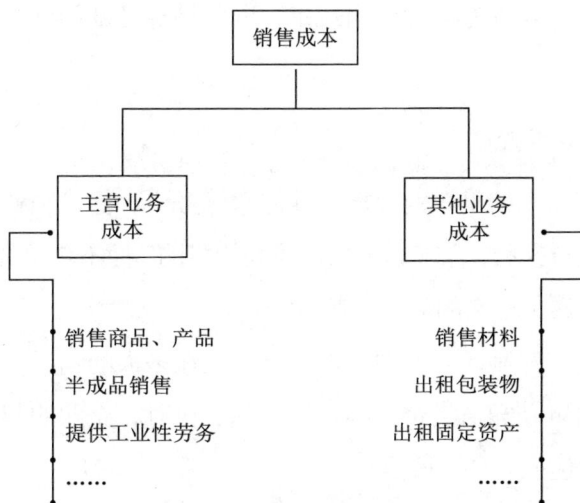

图 5-5 销售成本的组成

销售成本与营业利润成反比，销售成本越高，企业最后获得的利润就越低，如果能在保证产品质量的同时降低销售成本，这样企业经营利润会更高。那么，有哪些控制销售成本的方法呢？以下方法可供参考。

（1）绝对成本控制

以成本支出为标准，将其控制在某个范围或数值上，再以此设计标准成本和预算控制。

标准成本是对产品或服务未来成本的理性预期，是在预算过程中产生的。计算公式如下。

标准成本 = 实际产量 × 单位产品标准成本

发现并分析实际成本是对标准成本偏离构成成本控制的一项重要内容，在企业环境和发展方向相对稳定的情况下，各项数据基于稳定和准确，更容易设计标准成本。

至于预算控制是我们经常听到的概念，企业在开启任何项目前都应该有预算控制，它是企业根据预算规定的收入与支出标准检查和监督各个部门的生产经营活动的控制。涉及预算控制的企业各部门都要根据预算控制自己的支出。为了让预算控制落到实处，企业可制定预算控制管理制度，从预算管理组织、程序、内容等方面理做出规定，以此指导各部门做好自己的工作，节约各项支出。

（2）相对成本控制

相对成本控制指的是企业节流、开源双管齐下，把产销量、成本和收入三者结合起来进行控制，以求达到增加盈利的目的，而不是单纯控制产品（或工程）的成本，属于广义的成本控制范畴。

实行这种成本控制，一方面可以了解企业在多大的销量下收入与成本的平衡，另一方面可以知道当企业的销量达到多少时，企业的利润最高。相对成本控制的主要途径有如下四点。

①开发新产品，改进现有产品，提高产品的功能成本比率。

②采用先进的设备、工艺和材料。

③开展作业成本计算、作业成本管理和作业管理。

④改进员工培训，提高技术水平，树立成本意识。

（3）成本控制即时化

成本控制即时化是针对公司具体的业务，通过项目负责人每天记录发生的人工、材料、机械使用数量与工程完成数量，再由计算机软件比较分析得出成本指标是否实现及其原因的成本管理方法。

（4）标准成本法

标准成本法是指以预先制定的标准成本为基础，通过对标准成本与实际成本进行比较，核算和分析成本差异的一种产品成本计算方法，能够加强成本控制、评估业绩。

（5）经济采购批量

经济采购批量也称最佳进货批量，是指在一定时期内进货总量不变的条件下，使采购费用和储存费用总和最小的采购批量，即通过控制采购来控制成本。

第6章

销售人员要做好收款工作

收款是销售人员的重要工作之一，也是企业能否获利的关键。因此，销售人员应该掌握基本的收款技巧，争取在不用诉诸法律的情况下收回货款。

销售余款的结算

销售过程中及时核对应收账款

销售人员应做的应收账款管理

销售人员的催款流程

6.1 了解应收账款管理

应收账款管理是指在赊销业务中，从销售商将货物或服务提供给受信方购买商，买卖交易成立开始，到款项实际收回或作为坏账处理结束，销售商采用系统的方法和科学的手段，对应收账款回收全过程所进行的管理。其目的是保证足额、及时收回应收账款，降低和避免信用风险。

货款回收工作是销售人员的重要工作，所以销售人员应该系统了解企业的应收账款管理，并配合企业做好应收账款管理中某些环节的工作。

6.1.1 销售余款的结算

在与客户交易的时候，交易双方可以根据实际情况选择合适的货款结算方式。大多数企业都希望能采取直接交易的方式，保证货款的收回，降低企业信用风险。但在实际交易中，为了给客户一定的保障以及资金筹措时间，通常会采取先交定金，后结余款的方式进行交易，这也增加了销售人员的工作，即货款回收工作。

为了保证余款能够顺利结算，在交易开始，销售人员就要做好坏账防范措施。下面根据不同的结算方式，我们一起来了解有哪些需要注意的地方。

◆ 发货前结清全款

发货前结清余款对企业和销售人员来说是非常有利的，这样不用担心货款回收问题，即零余款结算。主要有两种可选方案。

①客户先支付一部分定金（约 30% 或 20%），在约定的时间收到余款后立即发货。在实际交易中，这种不利于购买方的交易方式客户很难接受，小额交易或是多次交易可能采取这种结算方式。这样的结算方式中，销售人员的工作非常轻松，只需在收到余款后发货，然后便可与财务部结清款项。销售人员可在交易合同中与客户做如下约定。

1.供货价格：每件 ___ 元。

2. 货款结算方式

（1）原则上现款提货，即在乙方货款汇至甲方账户后，甲方再行发货。

（2）甲方可按结算货款为乙方开具发票。

②不设定金，以全款提货。

◆ **发货前收取部分款项**

这种款项结算方式将付款时间分为好几段，需要客户在约定的时间段内支付相应的款项，销售人员也要在约定的时间进行发货。这种方式是企业最常选用的，对双方都有保障。

销售人员无法与客户达成全款交易时，可以拿出此类交易方案。通常将货款分为三个部分——定金、中期款和尾款。定金为签订销售合同时支付的，中期款为发货前支付的，尾款为发货后或买方收到货后支付的。具体的支付方案有以下两种。

①定金＋中期款＋尾款，三个部分付款的比例可自行约定，如3：5：2、3：6：1等。销售人员要注意，为了保证己方利益，应尽量将尾款比例设置为最小。

②中期款＋尾款，主要有7：3、4：1、9：1等几种比例约定方式，销售人员需凭借自己的谈判能力将尾款比例控制在30%以内。在合同中可做如下约定。

1.设备安装调试完毕并由甲方出具验收报告时付合同总额的_____%，合计：¥_____元。

2.设备连续安全运行满_____时付清余额_____%，合计：¥_____元。

3.办理付款的时间一般不超过7个日历日。

◆ **货到付款**

货到付款对客户方是非常有利的，可在到货、验货后再支付钱款，同样有两种实施方案。

①到货时购货方立即支付货款，一手交钱一手交货，销售人员要注意尽量不以此种方式进行交易。

②交货后一段时间内再结款，采用这种方案一定要约定好支付期限，以

及违约条款，以免出现款项回收问题。

◆ 定额支付

对于老客户一般采用定额支付方式，即货款达到一定额度后再一次结清，比较适合订单较多且每次交易金额都不多的情况，能够减少操作手续，还能从侧面鼓励对方与我方进行交易。

◆ 定期支付

定期支付与定额支付是同类别的支付方式，指双方约定一个固定时间一次性结清该阶段所有货款，该种结算方式一定要谨慎选择，只能考虑信用良好、经营良好的采购企业，且定期结算的期限最好不要超过 1 个月。

6.1.2 销售过程中及时核对应收账款

销售过程是一个很长的过程，广义上来讲，从最开始接触到发货再到结清款项，都属于销售过程。在此过程中，销售人员要注意款项结清的种种问题，警惕可能出现货款难以回收的情况，影响企业的现金回收，以及企业内部的资金流动。

销售人员应时刻留意应收款项，注意回收期限，并采取合理的回收手段，这需要分几个步骤实施。

首先，考虑结算方式的优劣，若是结算方式本身不利于后期余款回收，且大幅增加了销售人员的工作，则需要认真考虑是否应该更换结算模式。另外，销售人员应该努力在客户面前塑造企业的品牌形象，让客户能够信任企业的产品。

其次，准备好核算应收账款的相关资料，主要包括如下所示的一些 。

①最近一期的对账报告复印件。

②所核对的商业公司应收账款账页。

③所核对的商业公司发票账页。

④所核对的商业公司发货账页。

⑤未发出或已发出的发货明细。

⑥应收账款对账表。

最后，销售人员要整理自己负责的各项交易，确定应收账款总额，以及每单应收款项，方便回款工作的展开。为了帮助自己核算应收账款，销售人员可以设计应收账款管理表格，对自己负责的订单进行管理、核对，见表6-1。

表6-1　应收账款管理表

客　户	订单编号	账期（天）	金额（元）	开票日期	发票号码	出货日期	应收款日期	实收款日期	欠款金额（元）	超过时间（天）

6.1.3　销售人员应做的应收账款管理

应收账款管理工作有较大的难度，除了销售人员个人的努力之外，企业同样要加强应收账款的日常管理，可供企业采取的措施有如下一些。

◆　设置应收账款明细分类账

无论是财务部还是销售部，在总分类账的基础上，还应按交易客户的名称设置明细分类账，这样可以详细、具体地记录各个客户的款项往来情况。

财务部负责制作精细的明细分类账，而销售部则根据交易情况用表格简单记录即可。需注意以下三点内容。

①所有赊销交易都要正确、及时地记入明细分类账。

②企业可由销售人员各自负责自己的赊销业务，也可将赊销业务进行系

统分工，由不同的人员负责不同的部分，如登记明细账、填制赊欠账单、向赊欠客户交送或邮寄账单和处理客户收入的现金。

③明细分类账应定期同总账核对。

◆ 设置专门的赊销和征信部门

企业可在内部设置专门的赊销和征信部门，或在销售部内成立负责赊销和征信的工作小组，对客户的信用状况进行调查。该工作组的具体职能如下所示。

①对客户的信用状况进行评级。

②负责批准赊销的对象及额度，未经批准，业务人员不能随意进行赊销业务。

③负责催款工作，保证企业的资金运转。

◆ 坏账核销制度

应收账款只要存在就可能导致企业内部出现坏账，既然有可能出现坏账，就要想办法将损失降到最低。一般来说，有两种解决办法——直接核销法和备抵法。

①直接核销法指实际发生坏账损失时，将其损失直接计入信用减值损失。

②备抵法是指在坏账损失实际发生前，就依据权责发生制原则估计损失，并同时形成坏账准备，待坏账损失实际发生时再冲减坏账准备。

除了通过记账方法来解决坏账问题，企业还要制定坏账核销制度，指导相关人员做好具体操作，如下例所示。

××有限公司坏账核销管理规定

为加强应收债权资产的管理，进一步完善公司的财务管理制度，促进公司的规范运作，有效防范、化解资产损失风险，使相应的财务报告能更全面、准确地反映公司财务状况和经营成果。根据财政部颁布的《企业会计准则》及其应用指南等有关规定，结合公司的实际情况，设置本规定。

一、坏账确认

坏账损失是指有确凿和合法证据表明该项资产的使用价值和转让价值发生了实质性且不可恢复的灭失，已不能给公司带来未来经济利益流入。包括已计提和未计提坏账准备的资产发生的损失。

公司进行坏账损失的处置，应当在对损失认真清理调查的基础上，取得合法证据。

1. 应收账款的拖欠时间在三年以上。

2. 须提供双方的财务对账证明，如确实无法提供对账证明，应至少提供该账户从形成坏账开始前三年的销售回款情况。

3. 债务单位(人)虽未破产，但已处于歇业或停业状态，确实无法偿还欠款，且无其他责任主体承担义务的，须详细写明清欠经过及确实无法追偿的原因。

4. 债务人承认欠款但无力偿还，应在考虑以物抵债等方法均无效后再申报。

二、申报程序

债务人坏账损失处理申报程序由销售部门提出坏账核销申请，说明坏账损失原因和清理、追索及责任追究等工作情况，并逐笔逐项提供符合规定的证据，上报财务部门、总经理、总公司。公司财务部门对核销申请和核销证据材料进行复核，并由财务总监签署意见；财务部门对该项坏账损失发生原因及处理情况进行审核，提出审核意见。

三、审批权限

按照公司坏账损失处理审批权限，报总经理审批，超过规定权限的报总公司审批。审批通过后，财务部门进行坏账的账务处理。审批权限分配如下：

1. 核销年累计金额2万元以下资产损失，由总经理审批。

2. 核销年累计金额2万元以上，由总公司审批。

公司应按照有关财务会计制度规定，定期对各项债权进行全面清理核实，合理预计潜在损失并计提相应的坏账准备，做好坏账准备的转回和核销工作。对不良债权应当进行专项管理，对造成资产损失负有直接责任的部门与责任人，公司将追究其责任。公司在核销坏账后，应建立辅助账，保留追索权，如发现债务人经营改善或有重组事项，应继续追偿。

6.2 掌握基本的催款技巧

为了促成与客户的交易，销售人员难免会各出奇招来打动客户，其中就包括结算方式。为了鼓励客户签约，营销部门在通过各种考核后，会允许客户在交货一定期限内支付货款或余款。

这样虽然提高了销售量，但也带来了后续的催款工作。相信很多销售人员已经领略到回收款项的难度。为了提高回款率，销售人员要清楚基本的催款流程、掌握有关催款技巧。

6.2.1 销售人员的催款流程

催款工作复杂且有难度，销售人员要根据基本的流程行事，才不会手忙脚乱，能够做好充足的准备，这样催款工作才会更加顺利。如图 6-1 所示为催款流程图。

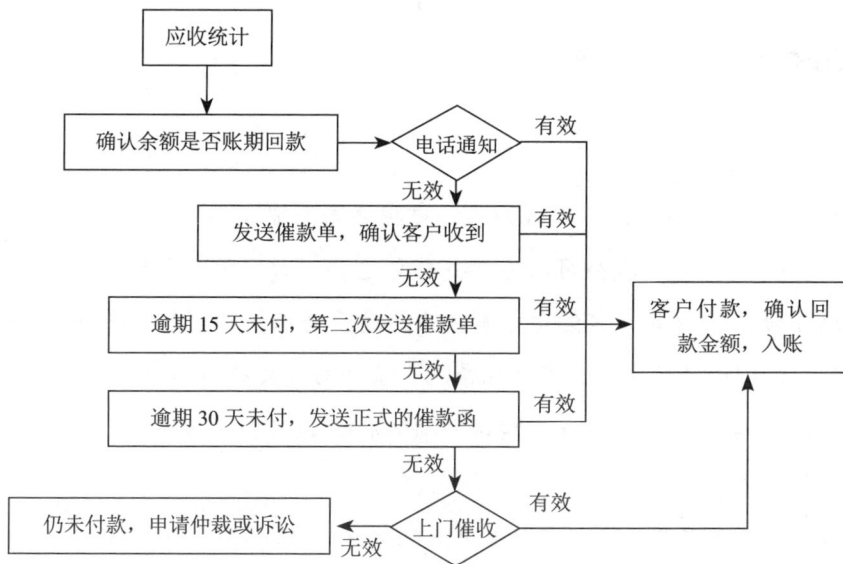

图 6-1 催款流程图

根据催款流程，销售人员能了解催款准备工作的有关事宜，以及需要用到的材料，如催款单、催款函。

何为催款函呢？催款函是一种催交款项的文书，在欠款方或个人在超过规定期限，未按时交付款项时使用的通知书。催款单与催款函的作用一致，但书写较为简单，不如催款函正式。

在实际催款过程中，多采用信函式催款函，为了发挥催款函的作用，其至少应该包含以下一些主要条款。

①欠款单位的全称和账号。

②欠款的原因。

③欠款的时间。

④欠款的金额。

⑤发票号码。

⑥建议处理措施或意见。

下面来看看常见的催款函都有哪些格式，方便销售人员编制。

实例分析 编制不同格式的催款函

【格式1】

××公司：

于××年××月××日为止，根据我司与贵司订立的××合同（编号：　　　　），我公司已为贵公司发送了××，货款金额计××万元，发票编号为××××。可能由于贵方业务过于繁忙，以致忽略承付。故特致函提醒，请即进行结算。如有特殊情况，请即与我公司××联系。

手机号码：150××××，邮编：610 000，地址：××××。

特此函达

我公司账户名称：××××××××××

开户银行：中国银行

账号：×××××××××××

××年××月××日

【格式2】

××公司：

感谢贵司对我司的信任和支持，选择我司作为合作伙伴！

贵公司与我司于××年××月××日签订的××合同中约定，贵司应于××年××月××日支货款××元整（大写：　　　　　）。为了避免不必要的麻烦以及双方今后更好的合作，请于××年××月××日前付讫，感谢贵方长期以来对我方的支持！

商祺！

另附公司账号：

开户名：××市××有限公司

开户行：工商银行××支行

账号：123×××××××5927

××市××有限公司

××年××月××日

【格式3】

××公司：

贵司与本公司于××年××月××日签订了一份××合同，约定我公司于××年××月××日前将20箱白色衬衫（每箱100件）发送至你方工厂，贵司应在货物到达3日内支付款项。但我公司至今仍未受到该笔款项，共计人民币××万元整。

鉴于我司已为此次交易投入极大的人力成本，为保障公司正常运转，现特致函贵司，于××年××月××日前向我司支付上述款项。

逾期，我司将采取相应的法律手段解决此事，届时贵司除支付上述款项之外，还将承担因逾期支付产生的违约金及造成的其他损失，以及诉讼后的案件受理费、财产保全费等诸多费用。

特此告知，万望理解和支持。

收款账户信息如下：

账户名称：

账号：

开户行：

商祺！

6.2.2　销售人员催账的基本方式

了解了催款流程后，销售人员还要掌握基本的催款方式，并根据具体的情况加以利用。主要有以下五种。

（1）电话催款

电话催款即通过电话联系客户提醒对方支付货款，是最常使用的催款方式。销售人员在每次致电客户时，都要进行录音，若日后需要诉讼讨要钱款，可以作为诉讼材料进行提交。通常在出现以下四种情况时，可通过电话进行货款催收。

①需要催收的客户区域分散、不集中且数量不多、金额不大。

②信用等级较高的客户，只需稍微提醒即可付清款项。

③定金、预付款、发货款的催收。

④通信成本不大的情况下，电话催款是非常简便的。

（2）当面催款

当面催款即销售人员直接登门拜访欠款客户，这种催款方式的成本很高且耗时耗力，是在特殊的情况下不得不采取的一种方式，如下所述。

①需要结清的金额较高。

②拖欠企业区域集中在同城或周边，数量较多。

③客户极不配合，有很大的故意拖欠嫌疑。

④多次催收无果。

（3）信函催款

信函催收方式正式且郑重，能够向客户表达自己的催收意愿，其优势有如下。

①信函可以一次性发给所有欠款企业，比电话更方便。

②成本不高。

③凡是金额不高的款项都可以使用信函催收，可作为辅助催收的工具。

④能够保护信函内容，不至于泄露双方信息。

（4）传真催收

传真催收即利用传真机快速向对方发送催款文件，该催款方式具备以下特点。

①节约成本且高效。

②可自行设计格式和内容，突出公司形象。

③快速但保密性差。

④最好与其他催款方式相结合，才能够达到更好的催收效果。

（5）诉讼催款

诉讼催款是在销售人员用尽催收方式和技巧后，仍然收不到应收款项，且对方故意拖延、拒绝支付，而采取的催收方式。虽然依靠法律途径能有效维护自己的权益，但发起民事诉讼会让事情无法挽回，所以要谨慎利用此种催款方式。

诉讼催款牵涉较多，需要营销部甚至总经理一同决定才能实施，且耗时耗力，需要公司举证，就算追回钱款也会耗费一些成本。

6.2.3 结合财务管理要求进行用户信用等级考评

能否顺利收回钱款与客户的信用等级有很大的关联，所以在确定交易方式之前，就要对客户的信用等级进行考评，从源头入手能解决后续许多问题，减少销售人员的工作量。可通过制定客户信用等级评定标准对合作客户划分信用等级。如下例所示为某公司制定的客户信用等级评定标准。销售人员可进行参考，结合自身公司的情况，制定属于本公司的客户信用等级评价标准。

×× 公司客户信用等级评定标准

一、目的

为了加强客户信用控制，降低回款风险，同时为客户分类、账期提供合理依据，特制定以下制度。

二、内容

信用等级的评估是以客户的信用履约记录和还款能力为核心，进行量化的评定。客户信用等级每季度根据客户上一季度的经营和财务状况评定一次。

三、评估方法

信用评估指标分为整体素质评价、信用履约率评价、资产状况评价三大类共十项，对各项指标设置相应分值。

信用等级评定实行百分制，其中财务指标占 30 分，非财务指标占 70 分。评分后按得分的高低，将客户分为 A、B、C、D、E 五个等级。

1. 评估步骤

（1）需要通过客户的相关资料进行评判，所以销售人员要搜集客户的营业执照信息、财务报表（上年末及上季度末）等相关资料。

（2）填写客户基本情况表。

（3）根据客户实际情况填写客户信用等级评分表。

2. 客户信用等级评分表

（1）整体素质评价（35 分）

1. 整体印象——满分 7 分	
A. 成立 3 年以上，公司规模较大，员工职业素质较高，在同行业领域中形象良好	7 分

B.成立1年（含1年）以上，公司规模较中等，员工职业素质不错，在同行业领域中形象良好	5分
C.成立未满1年，公司规模较小，员工素质参差不齐，公司在同行业领域中没有值得注意的地方	3分
2.行业地位（经营区域内的市场占有率）——满分7分	
A.在当地销售规模处于前3名	7分
B.在当地销售规模处于前10位	5分
C.在当地有一定销售规模，但排名较后	4分
D.在当地处于起步阶段	3分
3.业务关系持续期——满分7分	
A.与本公司的业务关系持续3年或3年以上	7分
B.与本公司的业务关系持续1～3年	5分
C.与本公司的业务关系持续1～2年	4分
D.与本公司的业务关系期少于12个月	3分
4.业务关系强度——满分7分	
A.以本公司为主要供货商	7分
B.以本公司为次要供货商	4分
C.偶尔在本公司采购	2分
5.诉讼记录——满分7分	
A.无诉讼记录	7分
B.有诉讼记录但已全部胜诉	5分
C.有未决诉讼，或已胜诉但不能执行	3分
D.有诉讼记录，败诉	1分

（2）信用履约评价（35分）

①信用履约率——满分12分

信用履约率＝上季累计偿还到期信用额÷上季累计到期信用额×100%

满意值为 100%

得分 = 实际值 ×12

②按期履约率——满分 12 分

按期履约率 = 上季累计按期偿还到期信用额 ÷ 上季累计到期信用额 × 100%

满意值为 100%

得分 = 实际值 ×12

③呆 / 坏账记录——满分 11 分

上季无呆 / 坏账记录：11 分。

上季有呆 / 坏账记录：0 分。

（3）资产状况评价（30 分）

1. 注册资本——满分 15 分	
A. 注册资本在 100 万元（含 100 万元）以上	15 分
B. 注册资本 50 ~ 100 万元	10 分
C. 注册资本在 50 万元以下	8 分
2. 年营业额——满分 15 分	
A. 年营业额 8 000 万元以上	15 分
B. 年营业额 5 000 ~ 8 000 万元	12 分
C. 年营业额 2 000 ~ 5 000 万元	10 分
D. 年营业额 1 000 ~ 2 000 万元	8 分
E. 年营业额低于 1 000 万元	5 分

通过上例的启发，销售人员应该能够明白，对客户的信用进行评估，首先要列明与信用风险因素有关的指标，如诉讼记录、公司资产、合作历史等，更有甚者，从员工人数、员工素质窥见公司的管理、企业文化，以此判断其是否是一个好的合作者。

设置好指标后，还需要划分指标的分值，对比较看重的指标，如诉讼记录，便可赋予更多的权重，然后再设置具体的情况。

最后就要根据总的评估分值来给客户划分等级，一般可设为 3 或 5 个等级，如下所示。

A 级：95 分以上，可赊销结算。

B 级：91 ～ 95 分，可选择货到付款的结算方式。

C 级：81 ～ 90 分，可选择定金 + 尾款的结算方式。

D 级：60 ～ 80 分，可选择定金 + 中期款 + 尾款的结算方式。

E 级：60 分以下，不予合作。

6.3　预防坏账的基本工作

坏账、呆账是一种不良的财务状态，当催款工作不能顺利完成时，就可能导致坏账、呆账产生，销售人员应该对呆账、坏账的概念有所了解，尽量防止这种情况的发生。

6.3.1　财务中所称的呆账、坏账是什么

我们常说的呆账是指已过偿付期限，经催讨仍不能收回，长期处于呆滞状态，有可能成为坏账的应收款项。呆账是未能及时进行清账的结果，而坏账是指企业未收回的应收账款、经批准列入损失的部分。销售人员了解造成呆账、坏账的原因，就能针对相关情况做好后续改善工作。具体有以下四点。

◆　销售管理不当

销售管理如果不科学，只注重订单量和销售额，不断给销售人员施加压力，让其不顾一切达成交易，这样很多销售人员为了完成业绩，不顾客户的财务状况和诉讼记录，配合对方的结算方式，将己方利益让渡出去。

这样虽然短时间内可增加销售数据，但后续催款工作必定非常麻烦，不

但加重销售人员的工作负担，还易造成呆账、坏账。这种情况一旦出现就会变成恶性循环。所以营销部一定要谨慎，注意调整管理方式，加强风险意识的培训。

◆ 调查形式化

客户信用调查流于形式，没有科学、系统的调查流程和调查途径。营销部将对客户的调查放在销售人员的个人意愿上，那么有些销售人员为了尽快达成交易，可能敷衍了事。只有将此事当作销售工作的具体环节，才能真正让销售人员引起重视。

◆ 合同条款漏洞

签订销售合同是交易环节的重中之重，销售人员要仔细审查合同条款，尤其是与结算、支付货款有关的条款，以免因为条款漏洞，给后续催款工作带来不便。

如下例所示为某销售合同中关于付款方式的条款内容，其仅规定了购货方如何付款，却没有规定具体的付款期限以及延期付款的惩罚措施，这就为后续催款埋下了隐患。

四、付款方式

甲方先支付总货款 20% 的保证金给乙方，产品完成生产后，通知甲方进行验货，合格后，甲方再支付总货款的 80% 给乙方，账户信息如下：

账户名：

账号：

开户行：

甲方付款后，提供银行水单确认。

◆ 质量纠纷

很多销售合同中会约定，若是交货质量不合格，买方有权拒绝。所以验货也成为买卖双方产生纠纷的一大环节。若是买方以产品质量不达标、产品包装不合格为借口存心找碴，拒绝支付货款，则卖方会很难办。因此，对于产品质量、包装的具体标准应该在销售合同中明确列出，有据可依，买方就不能随便找理由。

6.3.2　一定要签订有效的购销合同

签订合同能保证购销双方的权利与义务，所以无论对买方还是卖方来说，都非常重要，但在有些情况下购销合同是无效的，销售人员需要了解这些特殊的情况，以免为公司带来损失。

（1）法律规定的合同无效条款

《中华人民共和国合同法》第五十二条规定，"有下列情形之一的，合同无效：

（一）一方以欺诈、胁迫的手段订立合同，损害国家利益；

（二）恶意串通，损害国家、集体或者第三人利益；

（三）以合法形式掩盖非法目的；

（四）损害社会公共利益；

（五）违反法律、行政法规的强制性规定。"

第五十三条规定，"合同中的下列免责条款无效：

（一）造成对方人身伤害的；

（二）因故意或者重大过失造成对方财产损失的。"

第五十四条规定，"下列合同，当事人一方有权请求人民法院或者仲裁机构变更或者撤销：

（一）因重大误解订立的；

（二）在订立合同时显失公平的。

一方以欺诈、胁迫的手段或者乘人之危，使对方在违背真实意思的情况下订立的合同，受损害方有权请求人民法院或者仲裁机构变更或者撤销。

当事人请求变更的，人民法院或者仲裁机构不得撤销。"

（2）合同只有签字

根据《中华人民共和国合同法》第三十二条规定："当事人采用合同书形式订立合同的，自双方当事人签字或者盖章时合同成立。"但若出现如下例所示的情况，很有可能被判定合同不能生效。

甲公司和 B 公司就交易活动签订了一份购销合同，双方都只有业务员签字，没有单位盖章。现在甲公司已发货到乙公司指定的工厂，却没有收到货款，甲公司的销售人员联系乙公司的业务员也联系不上，这种情况下甲公司想要追回货款是非常困难的。

由于签字的只是公司的业务员，无法确定其身份，又没有公司的公章，该份合同并未生效，只能通过留存发货证据，如发货单来主张自己的权利。

（3）无书面合同

根据《中华人民共和国合同法》第三十三条规定："当事人采用信件、数据电文等形式订立合同的，可以在合同成立之前要求签订确认书。签订确认书时合同成立。"

所以，没有确认书的电子合同是无效的。

第 7 章

销售基础数据的储存与整理

对于一名优秀的销售人员来说，不仅要做好销售工作，还需要掌握销售相关的 Excel 数据处理技能，不断提升自己。要掌握数据处理方法，首先需要了解 Excel 表格基础操作，打好基础。

设置清单的格式效果

将信用额度限定为大于零的数据

使用记录单功能录入数据

批量填充序列数据

7.1　产品资料管理

作为一名优秀的销售人员，要想提升自身的销售能力和对销售产品的熟悉度，就需要提前了解要销售产品的具体信息，这就需要销售人员加强产品资料管理，了解要销售的产品。

7.1.1　创建产品资料清单

产品资料清单是一份用来统计企业产品具体情况的重要表单，也是销售人员需要重点掌握的信息单。

产品资料清单通常会记录产品的名称、产品编号、生产时间、产品成本、产品价格、库存量以及质检情况等。

需要注意的是，上面介绍的产品资料清单只是通常情况下的表格内容，不同企业的经营内容和经营模式不同，其对应的产品资料清单往往也不相同，例如服装企业的产品资料清单还会包括服装销售季节、服装销售性别等。

因此，在制作表格的时候需要参考企业的实际情况，而不是生搬硬套，反而影响信息的展示。

下面通过制作服装企业产品资料清单为例进行具体介绍。

实例分析　创建服装企业产品资料清单

新建一个空白 Excel 工作簿，将其命名为"××服装企业产品资料清单"，单击工作表左上角的 ◢ 按钮全选工作表单元格，在"开始"选项卡"字体"组中的"字体"下拉列表框中先后选择"宋体"选项和"Times New Roman"选项，在"对齐方式"组中分别单击"垂直居中"按钮和"居中"按钮，完成工作表基本格式设置，如图 7-1 所示。

在工作表的第一行分别输入"产品编号""产品名称""生产时间""销售季节""销售对象""数量""材质""成本价格""销售价格"文本，如图 7-2 所示，按【Ctrl+S】组合键保存，即可完成产品资料清单的创建。

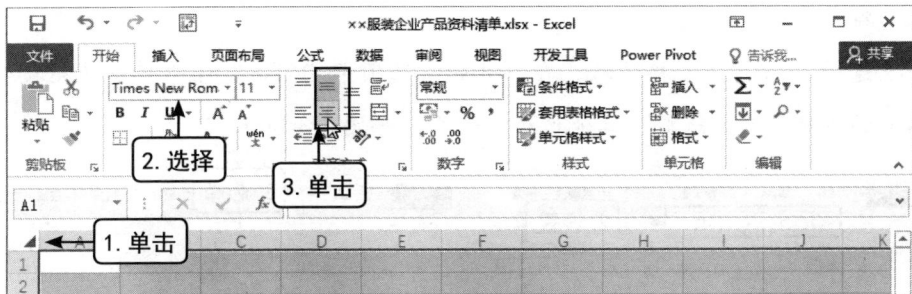

图 7-1　新建工作簿

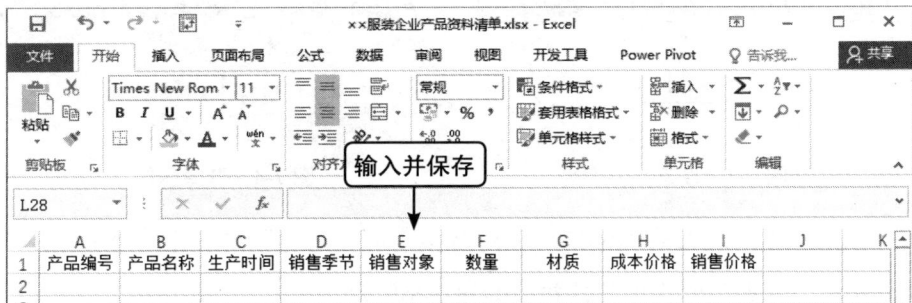

图 7-2　创建产品资料清单

7.1.2　设置清单的格式效果

产品资料清单创建完成后，通常还不能直接录入明细数据，还需要为清单设置合适的格式，让清单的数据展示效果更好，方便后续从表格中查看数据，更显表格的专业性。

如果不设置格式，则录入的产品信息与表头的格式相同，不方便进行区分，下面在上一个分析实例的基础上对产品资料清单的格式进行设置，使其符合实际需要。

实例分析　为产品资料清单设置格式

打开"产品资料清单1"工作簿，选择表头 A1:I1 单元格区域，在"开始"选项卡"字体"组中分别设置字体为"微软雅黑"；设置字号为"12"，单击"加粗"按钮，如图 7-3 所示。

选择 A1:I18 单元格区域，在"开始"选项卡"字体"组中单击边框按钮右侧的下拉按钮，选择"其他边框"命令，如图 7-4 所示。

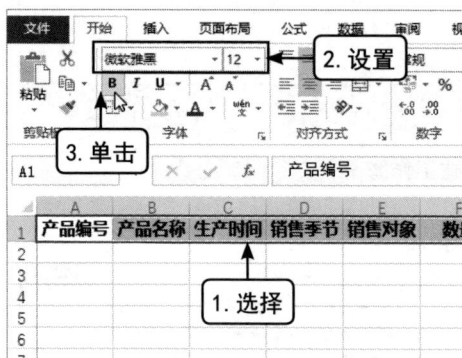

图 7-3　设置字体字号

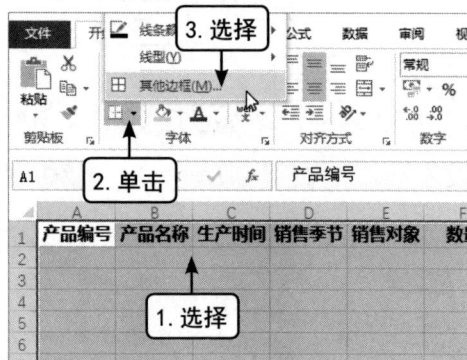

图 7-4　选择区域

在打开的"设置单元格格式"对话框中的"边框"选项卡中选择较粗的线条样式，单击"外边框"按钮，如图 7-5 所示。

同样的，选择一种较细的线条样式，单击"内部"按钮，如图 7-6 所示，最后单击"确定"按钮进行保存。

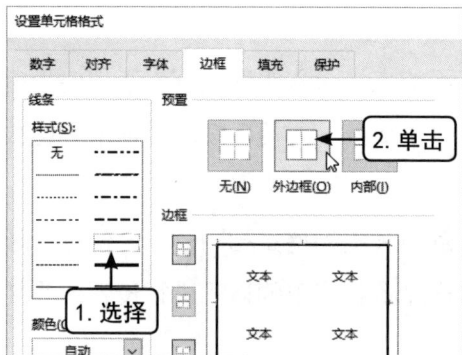

图 7-5　设置单元格格式（1）

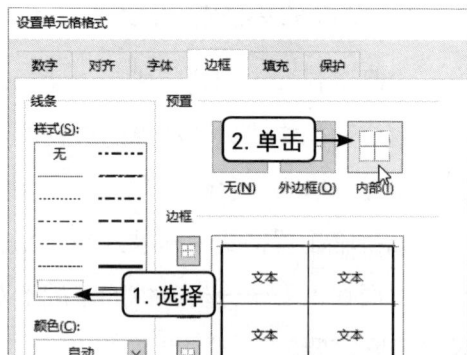

图 7-6　设置单元格格式（2）

选择 C2:C18 单元格区域，在"开始"选项卡"数字"组中单击"数字格式"文本框右侧的下拉按钮，选择"长日期"选项，如图 7-7 所示。

选择 H2:I18 单元格区域，在"开始"选项卡"数字"组中单击"数字格式"文本框右侧的下拉按钮，选择"货币"选项，如图 7-8 所示。

图 7-7　设置日期格式

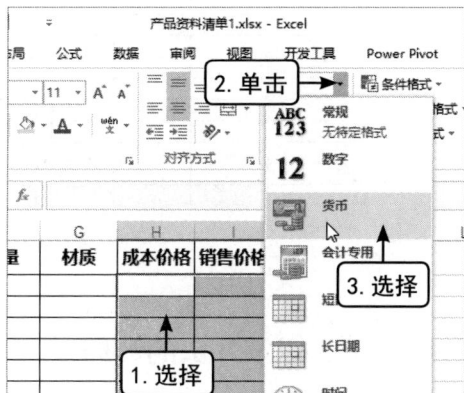

图 7-8　设置数字格式

保持 H2:I18 单元格区域处于选择状态，在"开始"选项卡"数字"组中单击"数字格式"文本框右侧的下拉按钮，选择"其他数字格式"命令，如图 7-9 所示。

在打开的"设置单元格格式"对话框中保持其他设置不变，在"负数"列表框中选择"－¥1,234.0"选项，如图 7-10 所示，单击"确定"按钮。

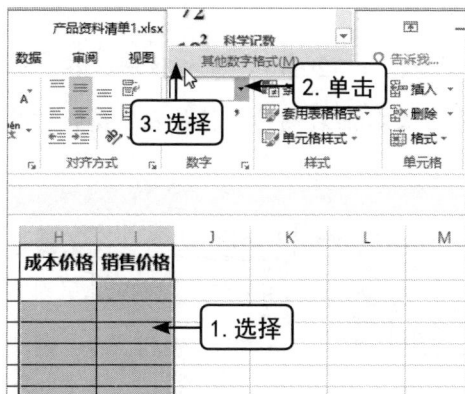

图 7-9　设置"其他数字格式"（1）

图 7-10　设置"其他数字格式"（2）

完成设置后即可查看最终的表格效果，如图 7-11 所示。

图 7-11　设置效果

7.1.3　输入以零开头的数据

在表格录入的过程中，很多时候需要输入以"0"开头的数据，例如编号、序列等。然而，在 Excel 中输入以"0"开头的数据时，软件会自动对输入的数据进行判定，系统会自动将数据开头的"0"取消掉，最终保留在单元格中的是非"0"开头的数据。例如输入"002H50"，Excel 自动将数据保存为"2H50"，则不符合实际需要。

要解决这个问题主要有三种方法，下面通过具体案例进行介绍。

实例分析　设置输入以"0"开头的产品编号

打开"产品资料清单 2"工作簿，选择表头 A2:A18 单元格区域，在"开始"选项卡"数字"组中单击"数字格式"文本框右侧的下拉按钮，选择"其他数字格式"命令，如图 7-12 所示。

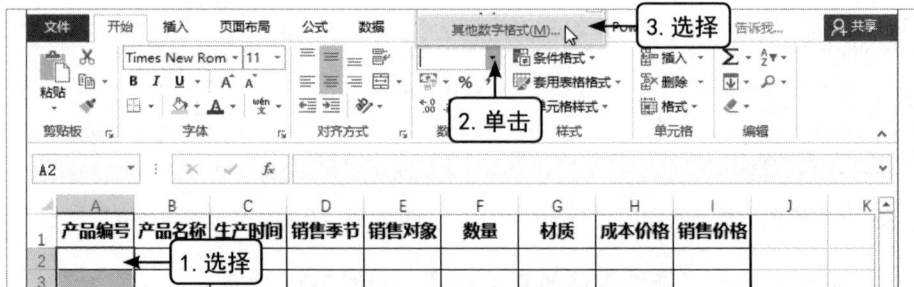

图 7-12　设置"数字格式"

在打开的"设置单元格格式"对话框中单击"自定义"选项卡，在"类型"文本框中输入"00000"，如图7-13所示，单击"确定"按钮即可（这里产品编号是几位，则对应输入几个0），返回工作表即可查看效果。

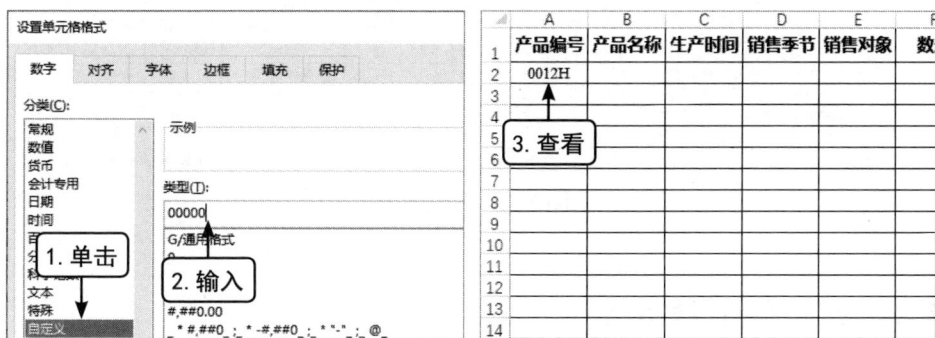

图7-13　设置文本格式

知识延伸 另外两种方法输入"0"开头的数据

方法一：在输入以"0"开头的字符串之前输入一个半角的单引号（即英文输入状态下的单引号"'"）即可，如图7-14左图所示。

方法二：选择要输入以"0"开头的字符串的单元格，在单击"数字"组中的"数字格式"文本框右侧的下拉按钮，选择"文本"选项，如图7-14右图所示，然后输入以"0"开头的字符串即可。

图7-14　设置特殊格式的文本

然后在工作表中输入相应的数据，最终效果如图7-15所示。

产品编号	产品名称	生产时间	销售季节	销售对象	数量	材质	成本价格	销售价格
0012H	秋冬外套G	3月	秋季	男士	200	涤纶，聚酯纤维	¥150.00	¥220.00
0023M	圆领卫衣M	4月	秋季	女士	300	纯棉	¥120.00	¥180.00
0025G	工装夹克衫G	4月	秋季	男士	400	聚酯纤维	¥140.00	¥170.00
0032Y	内搭打底衫M	4月	冬季	女士	280	纯棉	¥120.00	¥175.00
0044R	纯棉短袖T恤	5月	夏季	女士	360	纯棉	¥50.00	¥95.00
00P02	休闲连帽外套	5月	冬季	女士	400	聚酰胺纤维	¥130.00	¥175.00
00OR0	格子短外套	5月	冬季	女士	320	聚酰胺纤维	¥80.00	¥120.00
00KY6	内搭高腰长袖衫	6月	春季	女士	250	纯棉	¥80.00	¥110.00
02PI8	中长款连衣裙	6月	春季	女士	450	聚酯纤维	¥110.00	¥160.00
00TF3	加厚儿童套装	6月	冬季	女士	180	纯棉	¥140.00	¥200.00
00WR8	短袖外套速干衣	7月	夏季	男士	240	锦纶	¥80.00	¥125.00
00DF5	印花冰丝半袖T恤	7月	夏季	男士	280	锦纶	¥70.00	¥95.00
00CV4	针织羊毛打底衫	7月	冬季	女士	360	羊毛	¥200.00	¥270.00

图 7-15　最终效果

7.1.4　打印产品资料清单

完成产品资料清单的设置并录入产品信息，最后将其打印出来，即可在销售工作中进行使用。

下面具体介绍产品资料清单打印的相关操作。

实例分析 预览并打印产品资料清单

打开"产品资料清单 3"工作簿，单击"文件"选项卡，在打开的界面中单击"打印"选项卡，发现工作表不能完全在打印页显示，单击"纵向"下拉按钮，选择"横向"选项，如图 7-16 所示。

图 7-16　设置打印方式

知识延伸 缩放打印

如果在实际操作中不希望进行横向打印，则可以对打印内容进行缩放，让其在一个打印页面显示出来，在图 7-17 左图所示的界面中单击"无缩放"下拉按钮，选择"将工作表调整为一页"选项即可。

单击页面底部的"页面设置"超链接，在打开的"页面设置"选项卡中单击"页边距"选项卡，分别设置上下左右的页边距，分别选中"水平"和"垂直"复选框，如图 7-17 右图所示，单击"确定"按钮。

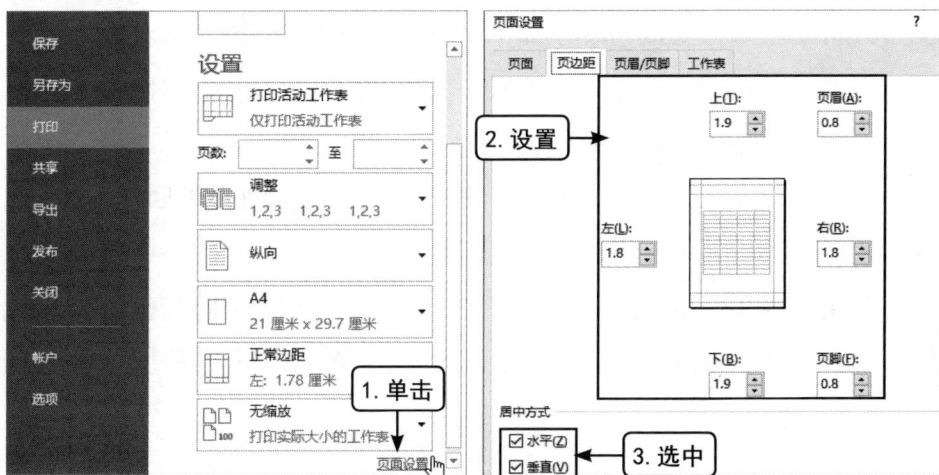

图 7-17　页面设置

完成后返回打印界面，选择打印设备，设置打印份数，单击"打印"按钮即可，如图 7-18 所示。

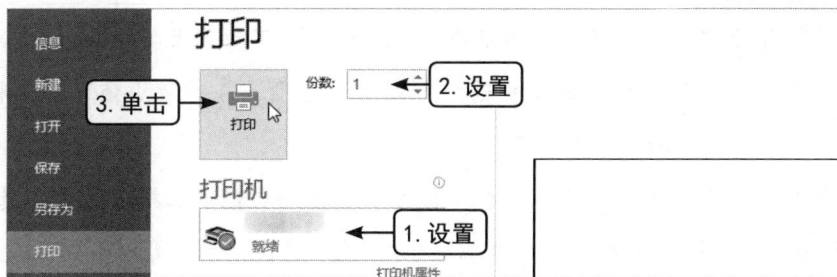

图 7-18　打印设置

7.2　客户资料管理

客户资料也就是对客户相关信息的记录，对企业来说至关重要。做好客户资料管理，与客户保持良好的关系，这样更有利于企业销售工作的展开，有助于提升企业竞争力。

7.2.1　将信用额度限定为大于零的数据

信用额度又称"信用限额"，通常是指银行授予其基本客户一定金额的信用限度，就是在规定的一段时间内，企业可以循环使用这么多金额。

客户的信用额度与以上定义相似，客户的信用额度越高，对于企业来说越放心，适合与客户进行长期合作。

企业进行客户信息管理，有助于随时监控客户应收账款的回收，对出现的问题及时处理，还利于提升客户的质量。

某销售企业由于发展需要，要在客户资料表中添加信用额度项目，记录客户的信用额度，需要将信用额度限制为大于零的数。下面通过具体的实例操作进行讲解。

实例分析 限制客户信用额度数据大于零

打开"客户资料表"工作簿，在 H1 单元格中输入"信用额度"文本，选择 H2:H45 单元格区域，在"数据"选项卡"数据工具"组中单击"数据验证"按钮，如图 7-19 所示。

在打开的"数据验证"对话框中单击"允许"下拉列表框中选择"小数"选项，在"数据"下拉列表框中选择"大于"选项，在"最小值"参数框中直接输入"0"，如图 7-20 所示。

单击"出错警告"选项卡，在"样式"下拉列表框中选择"停止"选项，在"标题"文本框中输入"输入错误"文本，在"错误信息"文本框中输入"请输入大于 0 的数据！"文本，如图 7-21 所示，单击"确定"按钮。

返回到工作表中在 H2 单元格中输入"0"，按【Enter】键确认，系统将打开提示对话框，要求输入大于 0 的数，单击"重试"按钮重新输入即可，如图 7-22 所示。

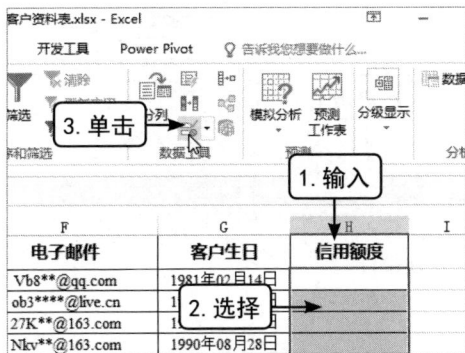

图 7-19　进行"数据验证"

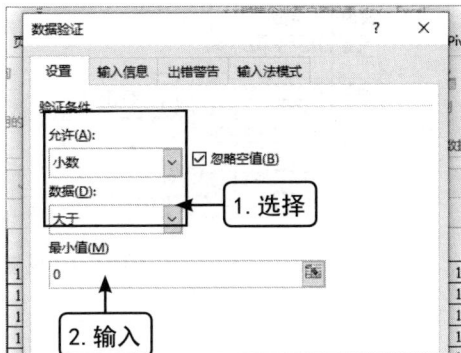

图 7-20　设置"数据验证"内容

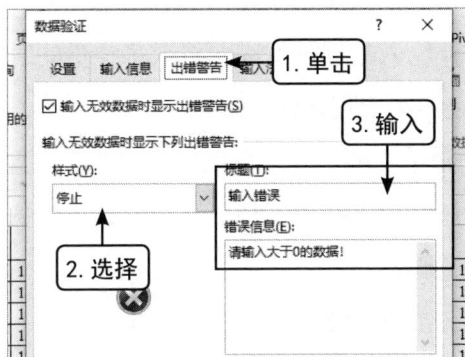

图 7-21　设置"出错警告"

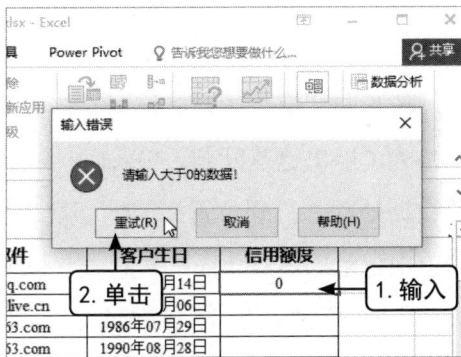

图 7-22　设置效果

知识延伸 清除数据验证的方法

首先选择要清除数据验证的单元格，打开"数据验证"对话框，单击对话框底部的"全部清除"按钮，单击"确定"按钮即可清除数据验证，如图 7-23 所示。

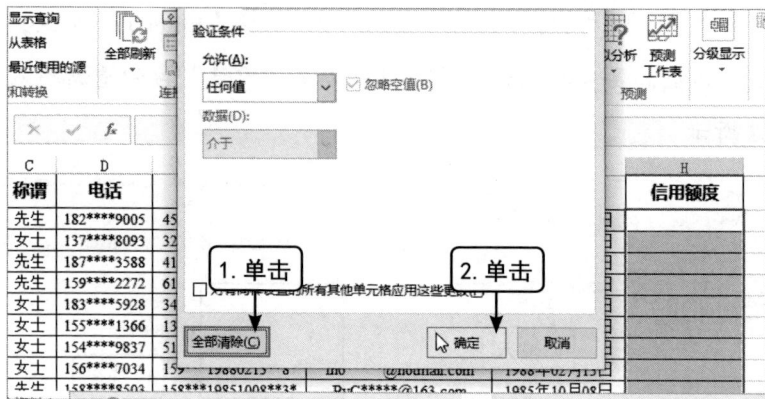

图 7-23 设置"验证条件"

7.2.2 使用记录单功能录入数据

通常在 Excel 中录入数据是逐行逐列地输入，如果工作表的数据量巨大，工作表的长度、宽度也会非常庞大，这样输入数据时就需要将很多宝贵的时间用在来回切换行、列的位置上，甚至还容易出现错误。

为了解决这些问题，Excel 提供了记录单功能，界面直观，操作简单，避免数据处理时行列位置来回地切换，也避免输入错误，特别适用于大型数据清单中记录的核对、添加、查找、修改或删除。

下面通过在客户资料表中添加一条新数据"42，王彦祖，先生，135×××9539，510×××19950905××5×，9511RT×××@163.com，1995 年 09 月 05 日，80000"为例，讲解相关操作。

实例分析 通过记录单添加一条新的客户信息

打开"客户资料表 1"工作簿，连续按【Alt】【T】和【O】键打开"Excel 选项"选项卡，单击"快速访问工具栏"选项卡，在"从下列位置选择命令"下拉列表框中选择"不在功能区中的命令"选项，在下方的列表框中选择"记录单"选项，单击"添加"按钮，单击"确定"按钮，如图 7-24 所示，将记录单功能添加到快速访问工具栏。

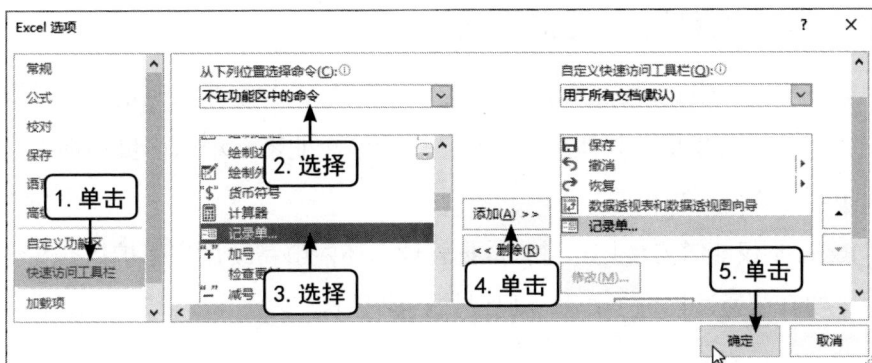

图 7-24　添加记录单

选择工作表中任意数据单元格，单击快速访问工具栏中的"记录单"按钮，在打开的"客户资料表"对话框中单击"新建"按钮，依次输入要添加的客户信息，单击"关闭"按钮，如图 7-25 所示。

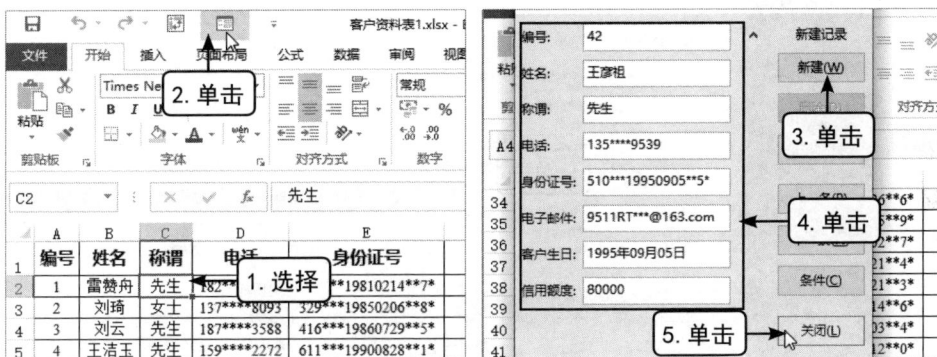

图 7-25　输入内容

完成后返回到工作中即可查看到添加后的效果，如图 7-26 所示。

	A	B	C	D	E	F	G	H
34	33	任丽丽	女士	186****5855	318***19830526**6*	ajS***@gmail.com	1983年05月26日	￥ 30,000.00
35	34	文素芬	先生	139****6319	220***19900125**9*	WQP**@qq.com	1990年01月25日	￥ 40,000.00
36	35	彭勇	先生	181****4916	339***19780502**7*	8wa****@139.com	1978年05月02日	￥ 15,000.00
37	36	修扬	女士	185****8095	422***19820921**4*	ZTX****@126.com	1982年09月21日	￥ 18,000.00
38	37	张娜	先生	137****3687	541***19770221**3*	liF****@126.com	1977年02月21日	￥ 25,000.00
39	38	糜芬	女士	187****7560	653***19900214**6*	NCy****@qq.com	1990年02月14日	￥ 30,000.00
40	39	漆志锋	先生	131****6554	533***19801203**4*	BWX****@live.cn	1980年12月03日	￥ 30,000.00
41	40	杨阳	女士	131****0008	373***19830612**0*	qdb****@139.com	1983年06月12日	￥ 35,000.00
42	41	彭豆华	先生	186****9950	511***19800729**1*	U4f****@163.com	1980年07月29日	￥ 40,000.00
43	42	王彦祖	先生	135****9539	510***19950905**5*	9511RT***@163.com	1995年09月05日	￥ 80,000.00
44								

图 7-26　添加后的效果

7.2.3 为客户资料表设置密码保护

客户资料表中记录的通常是企业的客户信息，对企业来说是十分重要的数据，一旦丢失或是被其他企业获得，则会给企业带来难以估量的损失，因此保护客户资料至关重要。

Excel 不仅能够方便用户进行数据管理，还能够帮助用户保护数据安全。这里主要介绍通过设置工作簿密码保护数据安全。

实例分析 搭建员工信息表的结构

打开"客户资料表2"工作簿，单击"文件"选项卡，在打开的界面中的"信息"选项卡中单击"保护工作簿"下拉按钮，选择"用密码进行加密"命令，如图 7-27 所示。

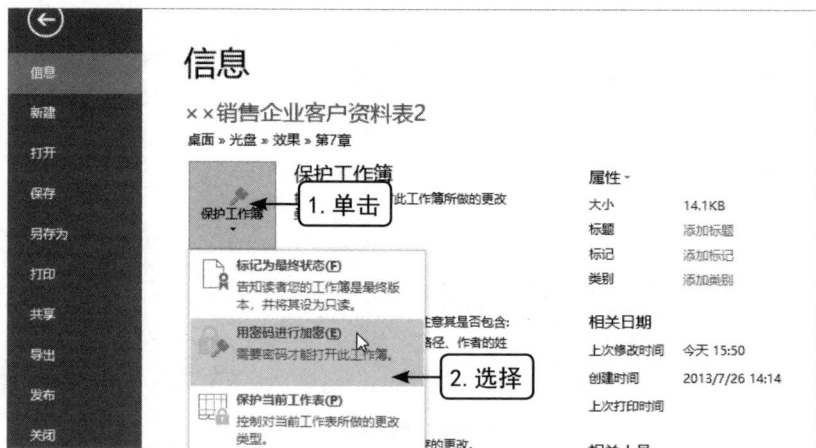

图 7-27 设置"保护工作簿"

知识延伸 密码设置的注意事项

本案例中为了进行操作演示因此密码设置得十分简单，但销售人员在实际工作中则应当设置合适的容易记忆的密码，才能保证既不会忘记并起到保护作用。

在打开的"加密文件"对话框中的"密码"文本框中输入密码，这里输入"123456"，单击"确定"按钮，在打开的"确认密码"文本框中再次输入密码进行确认，单击"确定"按钮，如图7-28所示，然后按【Ctrl+S】组合键保存工作簿并关闭。

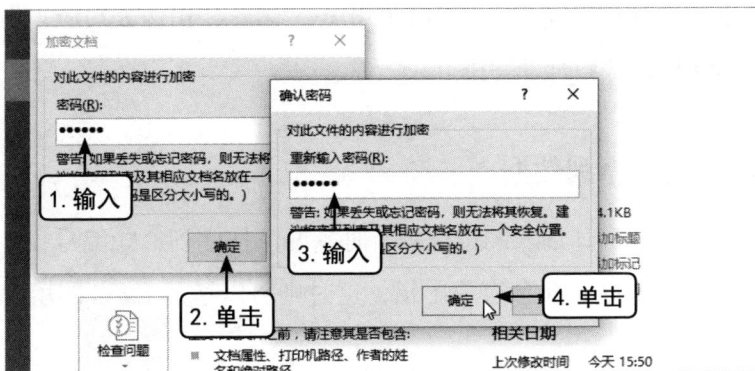

图7-28　设置密码

再次打开"××销售企业客户资料表2"工作簿，可以发现系统弹出了提示对话框，要求输入密码，在"密码"文本框中输入正确密码，单击"确定"按钮即可打开工作簿，如图7-29所示。

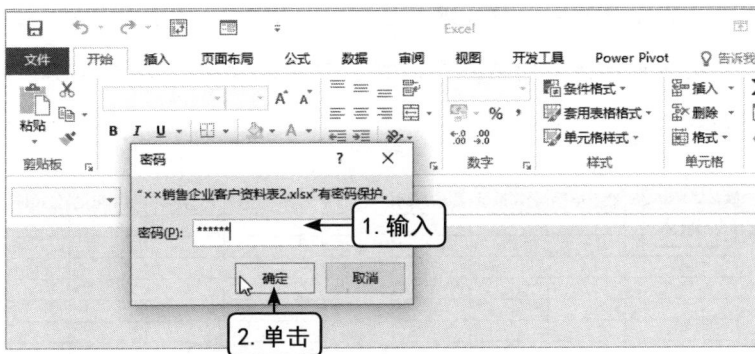

图7-29　打开加密后的文件

知识延伸 取消密码保护的方法

如果要取消密码保护，则需要输入正确密码进入工作簿，用图7-27所示的方法打开"加密文档"对话框，将"密码"文本框中的密码删除，单击"确定"按钮，然后保存工作簿即可。

7.3 制订客户拜访计划

对于销售人员来说，销售有时并不是唯一的工作内容，很多时候销售人员还要负责客户拜访，完成一定的工作指标。因此，销售人员应当事先制订当月的拜访计划，做到合理安排。

7.3.1 批量填充序列数据

在制作客户拜访计划表的过程中有时需要添加序列，如编号，如果手动输入，不仅效率不高，而且容易出错，这时则可以通过 Excel 的填充功能批量填充序列数据。

下面以在客户拜访计划表中填充序号为例进行介绍。

实例分析 填充客户拜访表的序号

打开"3 月客户拜访计划表"工作簿，在 A2 和 A3 单元格中输入"1"和"2"，选择 A1:A2 单元格，将鼠标光标移动到 A2 单元格右下角，鼠标光标变为十字箭头时按住鼠标进行拖动即可进行填充，如图 7-30 所示。

这里将鼠标光标拖动到 A15 单元格，释放鼠标即可查看填充的序列，如图 7-31 所示。

图 7-30 填充单元格

图 7-31 查看填充序列

知识延伸 其他数据填写后添加序号

如果在表格中其他数据填写完成后想要添加序号，这时可以在 A2 和 A3 单元格中输入"1"和"2"，选择 A1:A2 单元格，将鼠标光标移动到 A2 单元格右下角双击鼠标左键即可，如图 7-32 所示。

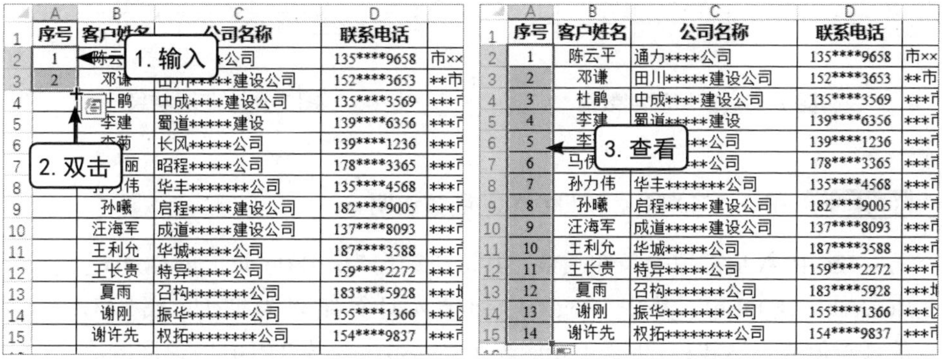

图 7-32 填充效果

7.3.2 根据日期自动输入星期

在 Excel 中根据日期数据可以获取年份、月份和星期等数据，从而避免了表格制作的麻烦，提高制表效率。

销售人员在制订客户拜访计划表时，只输入日期数据通常不够直观，根据日期生成星期数据则能够让销售人员直观了解当前的拜访内容，下面进行具体介绍。

实例分析 根据输入的拜访时间获取星期数据

打开"3 月客户拜访计划表 1"工作簿，选择 G2:G18 单元格区域，在编辑栏中输入"=IF(F2="","",TEXT(WEEKDAY(F2,1),"aaaa"))"公式，按【Ctrl+Enter】组合键即可获取 F 列中对应日期的星期数据，如图 7-33 所示。

分别在 F2:F15 单元格区域输入销售人员的客户拜访时间数据，G 列中将自动获取对应的星期数据，如图 7-34 所示。

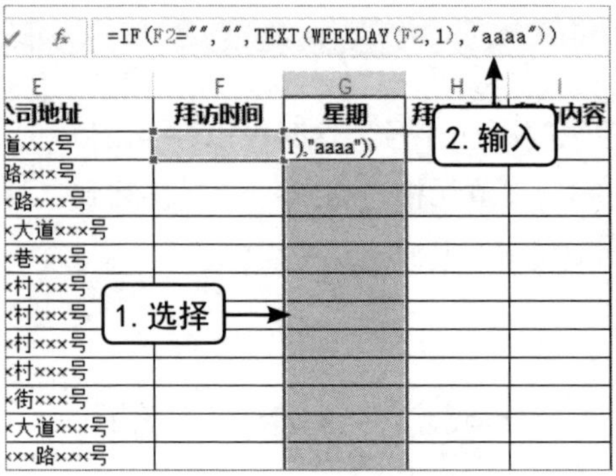

图 7-33 获取星期数据

图 7-34 获取结果

知识延伸 IF()、TEXT()、WEEKDAY() 函数说明

IF() 函数是常用的条件函数，其语法结构为：IF(logical_test,value_if_true,value_if_false)，其中，logical_test 表示计算结果为 TRUE 或 FALSE 的任意值或表达式；value_if_true 表示 logical_test 为 TRUE 时返回的值；value_if_false 表示 logical_test 为 FALSE 时返回的值。

TEXT() 函数用于将数值转换为按指定数字格式表示的文本，其语法结构为：TEXT(value,format_text)，其中，value 为数值、计算结果为数字值的公式，或对包含数字值的单元格的引用；format_text 为"单元格格式"对话框中"数字"选项卡上"分类"框中的文本形式的数字格式。

WEEKDAY() 用于返回某日期的星期数，其语法结构为：WEEKDAY(serial_number，return_type)，其中，serial_number 是要返回日期数的日期；return_type 为确定返回值类型的数字。

上例中 "=IF(F2="","",TEXT(WEEKDAY(F2,1),"aaaa"))"，"WEEKDAY(F2,1)"表示返回 F2 单元格数据的星期数，"TEXT(WEEKDAY(F2,1),"aaaa")"则是转换为中文星期几全称，最后用 IF() 确保 F2 单元格不为空才有返回值。

7.3.3 通过下拉列表限定拜访内容和拜访方式

为了避免输入错误或不规范，许多表格都会通过下拉列表提示和限制输入的内容，确保数据的合理性。

下面通过条件格式为拜访内容和拜访方式设置下拉列表进行限定，具体操作如下。

实例分析 通过下拉列表限制拜访内容和拜访方式的内容

打开"3月客户拜访计划表2"工作簿，选择 H2:H18 单元格区域，单击"数据"选项卡中的"数据验证"按钮，如图 7-35 所示。

在打开的对话框中的"允许"下拉列表框中选择"序列"选项，在"来源"参数框中输入序列，用半角逗号隔开，如图 7-36 所示，单击"确定"按钮即可。

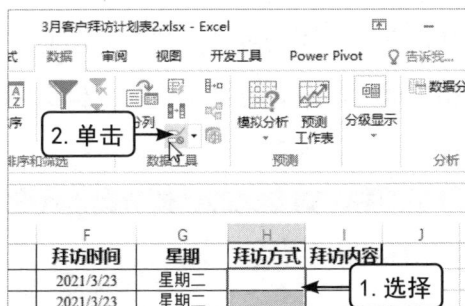

图 7-35　设置"数据验证"

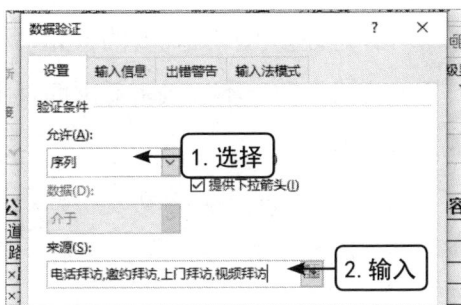

图 7-36　设置"来源"

返回工作表在 L 列输入拜访内容，然后选择 I2:I18 单元格，用同样的方法打开"数据验证"对话框，同样选择"序列"选项，在"来源"参数框中选择拜访内容所在单元格，如图 7-37 所示，单击"确定"按钮即可。

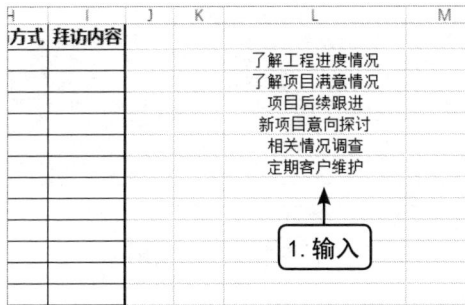

图 7-37　设置区域

完成后将 L 列隐藏，选择 H 列和 I 列单元格，即可单击右侧的下拉按钮，选择内容进行输入，如图 7-38 所示。

	D	E	F	G	H	I	J
1	联系电话	公司地址	拜访时间	星期	拜访方式	拜访内容	
2	135****9658	市×××大道×××号	2021/3/23	星期二	邀约拜访	新项目意向探讨	
3	152****3653	**市×××路×××号	2021/3/23	星期二	电话拜访	了解工程进度情况	
4	135****3569	***市×××路×××号	2021/3/25	星期四	视频拜访	定期客户维护	
5	139****6356	***市×××大道×××号	2021/3/25	星期四			
6	139****1236	***市×××巷×××号	2021/3/26	星期五	电话拜访		
7	178****3365	***市×××村×××号	2021/3/29	星期一	邀约拜访		
8	135****4568	***市×××村×××号	2021/3/29	星期一	上门拜访		
9	182****9005	***市×××村×××号	2021/3/29	星期一	视频拜访		

图 7-38　输入内容

7.3.4　统计不同访问方式的次数

统计是许多工作都需要的，如果不知道一些常用的统计方法，完全通过计数的方式去数，不仅效率低下而且出错的概率较高，不利于后续分析工作的正常开展。

在前面介绍的客户拜访表中分别记录了四种拜访方式的具体情况，现在需要统计每种拜访方式的使用次数，下面进行具体介绍。

实例分析 统计销售人员各种方式拜访客户的次数

打开"3 月客户拜访计划表 3"工作簿，在 E20:E23 单元格区域分别输入 4 种拜访方式并设置合适的字体格式和边框样式。选择 F20:F23 单元格区域，在编辑栏中输入"=COUNTIF($H$2:$H$15,E20)"公式，如图 7-39 左图所示。按【Ctrl+Enter】组合键即可统计出拜访次数，如图 7-39 右图所示。

✓	f_x	=COUNTIF($H$2:$H$15,E20)	

2. 输入

	D	E	F	G
		邀约拜访	$H$15,E20)	
		电话拜访		
		上门拜访		
		视频拜访		

1. 选择

59****2272	***市×××大道×××号	2021/4/1	星期四
83****5928	***地区×××路×××号	2021/4/7	星期三
55****1366	***区×××大道×××号	2021/4/7	星期三
54****9837	***市×××号×××号	2021/4/7	星期三

3. 查看

邀约拜访	3
电话拜访	4
上门拜访	3
视频拜访	4

图 7-39　统计拜访次数

知识延伸 COUNTIF() 函数说明

COUNTIF() 函数是对指定区域中符合指定条件的单元格计数的一个函数，其语法结构为：COUNTIF(range,criteria)，其中，range 表示要计算其中非空单元格数目的区域；criteria 表示以数字、表达式或文本形式定义的条件。

以上案例中的公式 "=COUNTIF($H$2:$H$15,E20)" "$H$2:$H$15" 表示要统计的区域，也就是保存的拜访情况数据，"E20" 表示统计条件，也就是统计 H2:H15 单元格区域中与 E20 单元格值相同的单元格数。

7.4 库存数据的管理

销售人员虽然是负责企业的销售工作，但是库存方面的信息管理也需要了解，避免因为库存不足等问题影响销售工作的开展。本节主要介绍库存数据管理的相关知识。

7.4.1 根据库存总量判断是否进货

对于企业而言，库存量应当保存在一定水平，库存量过高或过低都会对企业的销售和资金等方面造成较大影响。因此，管理者应当注意监控产品库存信息，及时向相关负责人反映。

某企业主要从事各类箱包的生产和销售，经过多年的生产和销售经验确定了各类产品的最佳存货量，现在需要将当前实际存货量与最佳存货量进行对比，判断当前是否需要补货。

实例分析 判断当前库存量是否需要补货

打开 "商品库存预警管理" 工作簿，选择 K2:K16 单元格区域，在编辑栏输入"=IF(J2>I2,"",IF(AND(J2<I2,J2>=I2*80%)," 需要补充存货 "," 急需补充存货 "))"公式，按【Ctrl+Enter】组合键即可计算出哪些需要补货，哪些急需补货，如图 7-40 所示。

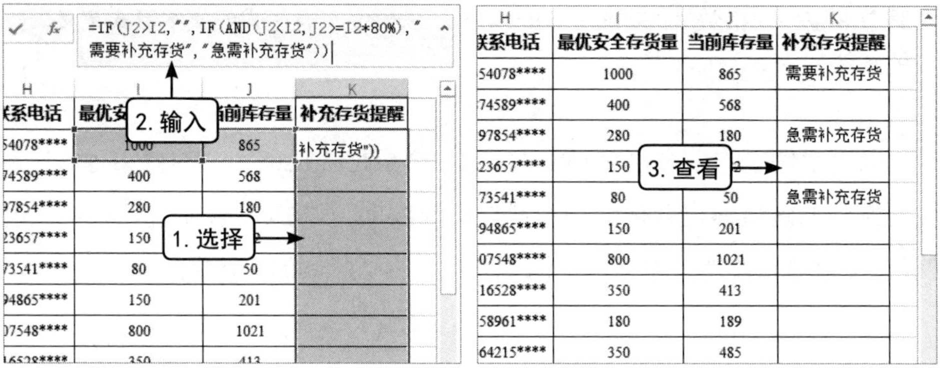

图 7-40　设置"补充存货提醒"

知识延伸 AND () 函数说明

AND() 函数所有参数的计算结果为 TRUE 时，则返回 TRUE；只要有一个参数的计算结果为 FALSE，即返回 FALSE。其语法结构为：AND(logical1,logical2, ...)，其中，logical1 必需，表示要检验的第一个条件，其计算结果可以为 TRUE 或 FALSE。logical2,... 可选，表示要检验的其他条件，其计算结果可以为 TRUE 或 FALSE，最多可包含 255 个条件。

以上案例中，"=IF(J2>I2,"",IF(AND(J2<I2,J2>=I2×80%)," 需要补充存货 "," 急需补充存货 "))"公式中的"J2>I2"表示当前库存大于最优安全库存量，返回空值；"AND(J2<I2,J2>=I2×80%)"表示当"J2<I2"和"J2>=I2×80%"同时成立，返回"需要补充存货"，两者有一个不成立，则返回"急需补充存货"。

也就是说"80%× 最优安全库存量 < 当前库存量 < 最优安全库存量"返回"需要补充存货"；当"当前库存量 <80%× 最优安全库存量"则返回"急需补充存货"。

7.4.2 自动判断热销产品

要判断热销商品，就需要借助二八定律，二八定律又叫帕累托法则，是指 20% 的投入就有 80% 的产出，而另外 80% 的投入却只产出了 20%。

对企业而言，热销商品通常占 20%，却能够产出 80% 的利润，因此借助二八定律能够有效地判断出热销商品。

实例分析 判断热销产品

打开"热销商品分析表"工作簿，在 A16 单元格中输入"总计"文本，选择 B16:D16 单元格区域，在"公式"选项卡"函数库"组中单击"自动求和"按钮右侧的下拉按钮，选择"求和"选项汇总总销售数量、总销售金额和销售利润，如图 7-41 所示。

选择 E2:E15 单元格区域，在编辑栏中输入"=D2/\$D\$16×0.2+B2/\$B\$16×0.8"公式，按【Ctrl+Enter】组合键计算各类商品的滞畅销比率数据，如图 7-42 所示。

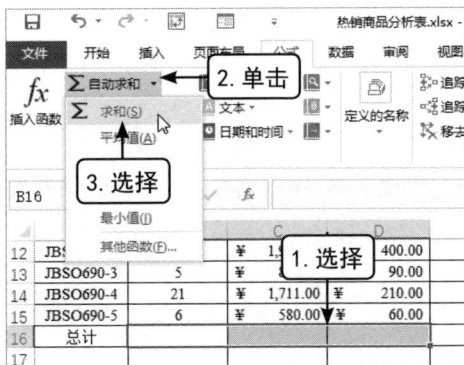

图 7-41 输入公式

图 7-42 计算滞畅销比率

选择 F2:F15 单元格区域，在编辑栏中输入"=IF(E2>0.05," 畅销 ", IF(E2>0.025," 一般 "," 滞销 "))"公式，按【Ctrl+Enter】组合键计算各类商品的销售状态，如图 7-43 所示。

完成计算后即可在工作表中查看到各类商品中属于畅销、一般和滞销的商品分别有哪些，如图 7-44 所示。

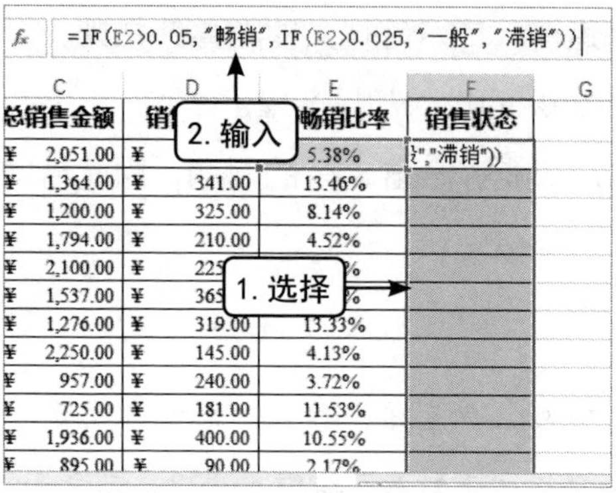

图 7-43 查看销售状态

图 7-44 设置后的"效果"

完成判断后，即可结合商品的库存数量制订相应的订货计划和促销计划，以确保畅销商品有足够的库存，滞销商品也能及时促销，降低库存积压。

7.4.3 计算库存产品周转率和周转天数

库存周转率是在某一时间段内库存货物周转的次数，是反映库存周转快慢程度的指标。

对于企业而言，在销售额一定的情况下，库存品的资金占用越少，库存周转率越高，说明产品的库存效益越好。相反，库存周转率降低，库存占用资金多，库存费用会相应增加，导致资金运用效率降低。

因此，企业分析产品的周转率和周转天数是十分有必要的。下面通过具体的实例介绍库存产品周转率和周转天数的分析方法。

实例分析 2020 年三种商品周转率和周转天数分析

打开"2020 年商品库存周转分析表"工作簿，选择 I3:I14 单元格区域，在编辑栏中输入"=C3*$B3/F3"公式，按【Ctrl+Enter】组合键计算外套商品的周转率，如图 7-45 所示。

保持 I3:I14 单元格区域处于被选择状态，拖动 I14 单元格右下角的填充柄填充至 K14 单元格，如图 7-46 所示。

图 7-45　计算周转率

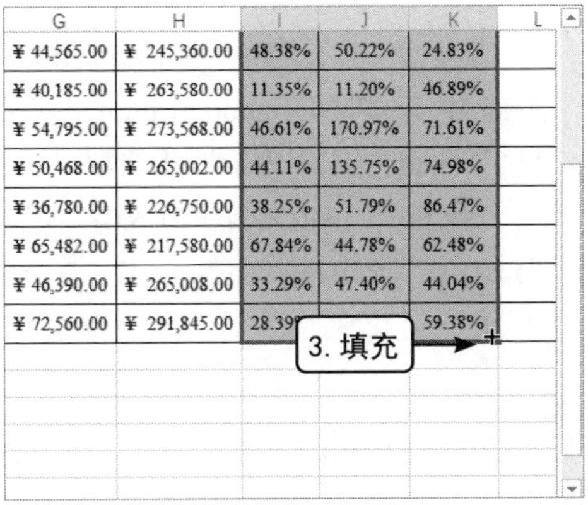

图 7-46　填充数据

选择 L3:L14 单元格区域，在编辑栏中输入"=ROUND($B3/I3,2)"公式，按【Ctrl+Enter】组合键即可计算当月外套商品的周转天数，如图 7-47 所示。

保持 L3:L14 单元格区域处于被选择状态，拖动 L14 单元格右下角的填充柄填充至 N14 单元格，如图 7-48 所示。

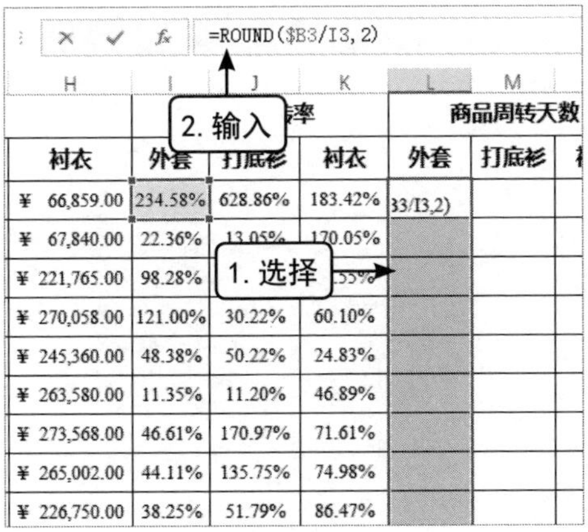

图 7-47　计算周转天数

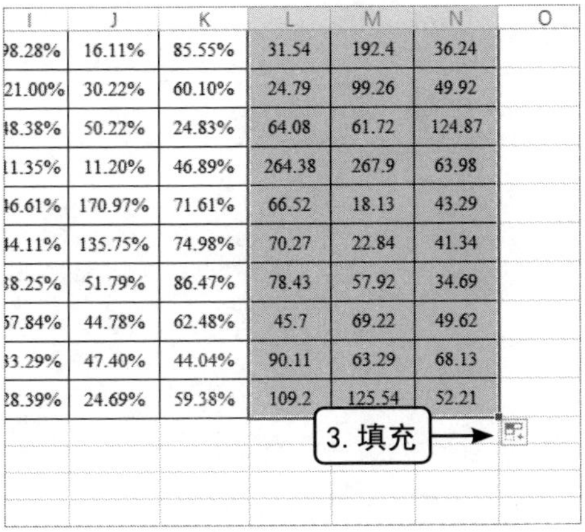

图 7-48　填充数据

知识延伸 ROUND () 函数说明

ROUND() 函数的作用是按指定的位数对数值进行四舍五入，其语法结构为：ROUND(number, num_digits)，其中，number 表示要四舍五入的数字，num_digits 表示按此位数对 number 参数进行四舍五入。

例如，"=ROUND(21.5,0)"表示将 21.5 四舍五入到整数，其结果为 22；"=ROUND(21.5, −1)"表示将 21.5 左侧一位四舍五入，其结果为 20。

以上案例中的公式"=ROUND($B3/I3,2)"中，B3 表示当月天数，I3 表示商品周转率，"$B3/I3"的结果即为周转天数，但是由于结果会存在小数，在实际操作中可以保留两位小数，因此用 ROUND() 函数四舍五入保留两位小数。

第 8 章

汇总与管理销售数据的方法

　　作为销售人员，是否在工作中遇到过面对大量数据不知从何处下手的情况？销售人员掌握数据汇总处理的相关方法，如排序、筛选、分类汇总，即可提升数据处理能力，提高工作效率。

按销售团队和提成类别查看数据

快速查看指定产品的销量情况

查看前半个月的销量情况

按类别汇总各类产品的年度销售额

8.1 查看营业员的销售提成

如今大多数企业的销售人员或销售团队采用的都是"基本工资 + 销售提成"的工资模式。通常基本工资并不会太高，销售人员要想提高收入，则需要提高销售业绩，获取销售提成。此外，销售人员要想了解自身的销售提成情况还需要掌握一定的数据查看方法。

8.1.1 按提成总额的降序查看数据

在实际数据查看和分析过程中，要想了解所有销售单号的提成总额的大小，则可以将提成总额数据进行降序排列，这样即可查看到降序排列的销售数据对应的相关信息。

下面具体介绍降序排列提成总额的相关操作。

实例分析 降序排序 3 月提成总额数据

打开"3 月企业销售提成表"工作簿，在"提成总额"字段中选择任意数据单元格，在"数据"选项卡"排序和筛选"组中单击"降序"按钮即可，如图 8-1 所示。

图 8-1 设置"降序"

此时即可在工作表中查看到按降序排序后的具体情况，如图 8-2 所示。

	A	B	C	D	E	F	G
1	开单时间	单号	销售团队	销售总额	入账时间	提成类别	提成总额
2	2021/3/10	KD213-006	二分部	¥ 600,000.00	2021/3/13	销售额提成	¥ 120,000.00
3	2021/3/20	KD213-012	三分部	¥ 850,000.00	2021/3/23	固定提成	¥ 100,000.00
4	2021/3/15	KD213-010	二分部	¥ 640,000.00	2021/3/18	固定提成	¥ 85,000.00
5	2021/3/1	KD213-002	三分部	¥ 500,000.00	2021/3/4	纯利润提成	¥ 70,000.00
6	2021/3/15	KD213-009	一分部	¥ 350,000.00	2021/3/18	固定提成	¥ 65,000.00
7	2021/3/13	KD213-007	三分部	¥ 250,000.00	2021/3/16	纯利润提成	¥ 60,000.00
8	2021/3/1	KD213-001	一分部	¥ 200,000.00	2021/3/4	毛利润提成	¥ 50,000.00
9	2021/3/17	KD213-011	二分部	¥ 200,000.00	2021/3/20	纯利润提成	¥ 45,000.00
10	2021/3/26	KD213-018	一分部	¥ 600,000.00	2021/3/29	固定提成	¥ 41,000.00
11	2021/3/30	KD213-022	三分部	¥ 500,000.00	2021/4/2	固定提成	¥ 38,000.00

图 8-2 "降序"效果

8.1.2 按销售团队和提成类别查看数据

前面介绍的是按照提成总额降序排列数据，这是较为基础的单条件排序方法。但是有的时候需要根据多个条件对数据进行排序，这种情况下销售人员应当如何操作呢？

下面将销售团队按照"一分部，二分部，三分部，四分部"进行排序；将提成类别按照"毛利润提成，纯利润提成，销售额提成，固定提成"进行排序，下面以此为例进行介绍。

实例分析 按销售团队和提成类别排序表格数据

打开"3月企业销售提成表1"工作簿，在工作表中选择任意数据单元格，然后在"数据"选项卡"排序和筛选"组中单击"排序"按钮，如图 8-3 所示。

在打开的"排序"对话框中单击"添加条件"按钮，在"主要关键字"栏的"列"下拉列表框中选择"销售团队"选项，在"次要关键字"栏的"列"下拉列表框中选择"提成类别"选项，单击"主要关键字"栏中的"次序"下拉列表框，选择"自定义序列"命令，如图 8-4 所示。

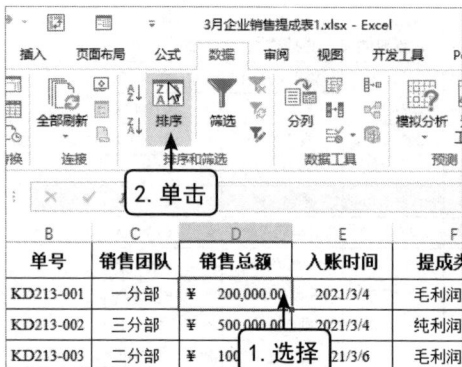

图 8-3 设置"排序"

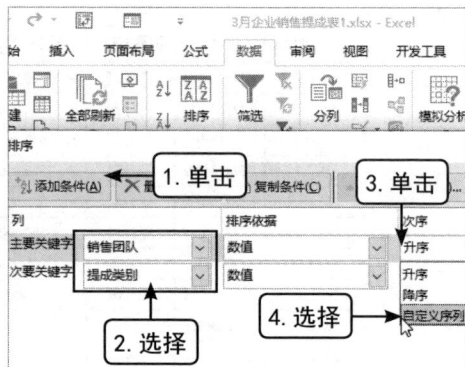

图 8-4 设置"排序"顺序

在打开的"自定义序列"对话框中的左侧列表框中选择"新序列"选项，在右侧的列表框中输入序列（可用半角逗号或按【Enter】键隔开），如图 8-5 所示，然后单击"添加"按钮和"确定"按钮。

返回"排序"对话框中同样的单击"次要关键字"栏中的"次序"下拉列表框，选择"自定义序列"命令，在打开的对话框中选择"新序列"选项，输入序列，如图 8-6 所示，依次单击"确定"按钮。

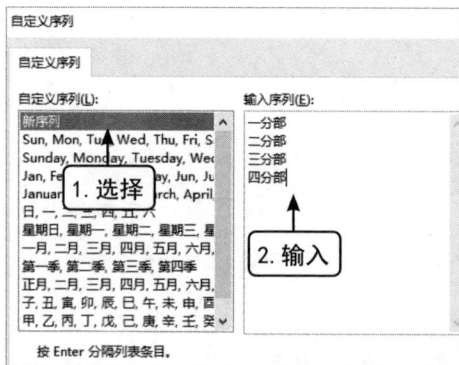

图 8-5 输入序列内容

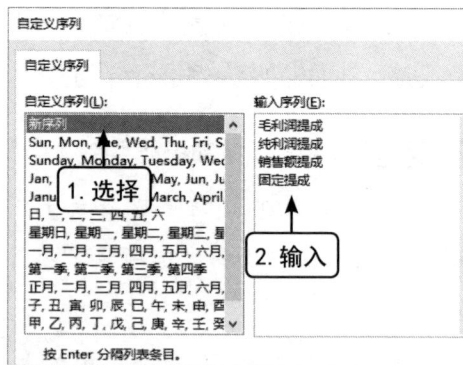

图 8-6 添加"新序列"

返回到工作表中即可查看到表格首先按照销售团队"一分部，二分部，三分部，四分部"进行排序；在此基础上将提成类别按照"毛利润提成，纯利润提成，销售额提成，固定提成"进行排序，最终排序效果如图 8-7 所示。

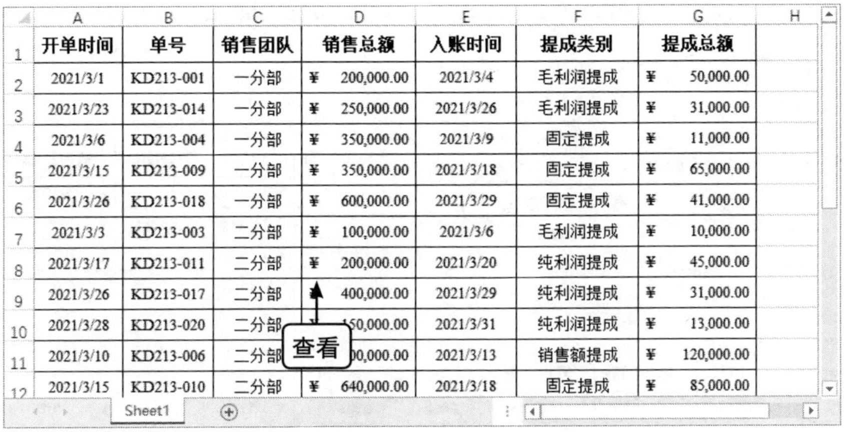

	A	B	C	D	E	F	G	H
1	开单时间	单号	销售团队	销售总额	入账时间	提成类别	提成总额	
2	2021/3/1	KD213-001	一分部	¥ 200,000.00	2021/3/4	毛利润提成	¥ 50,000.00	
3	2021/3/23	KD213-014	一分部	¥ 250,000.00	2021/3/26	毛利润提成	¥ 31,000.00	
4	2021/3/6	KD213-004	一分部	¥ 350,000.00	2021/3/9	固定提成	¥ 11,000.00	
5	2021/3/15	KD213-009	一分部	¥ 350,000.00	2021/3/18	固定提成	¥ 65,000.00	
6	2021/3/26	KD213-018	一分部	¥ 600,000.00	2021/3/29	固定提成	¥ 41,000.00	
7	2021/3/3	KD213-003	二分部	¥ 100,000.00	2021/3/6	毛利润提成	¥ 10,000.00	
8	2021/3/17	KD213-011	二分部	¥ 200,000.00	2021/3/20	纯利润提成	¥ 45,000.00	
9	2021/3/26	KD213-017	二分部	¥ 400,000.00	2021/3/29	纯利润提成	¥ 31,000.00	
10	2021/3/28	KD213-020	二分部	¥ 150,000.00	2021/3/31	纯利润提成	¥ 13,000.00	
11	2021/3/10	KD213-006	二分部	[illegible]00,000.00	2021/3/13	销售额提成	¥ 120,000.00	
12	2021/3/15	KD213-010	二分部	¥ 640,000.00	2021/3/18	固定提成	¥ 85,000.00	

图 8-7　排序效果

8.1.3　快速恢复到排序前的状态

在 Excel 中，排序操作通常是不可逆的，如果排序完成后进行了保存，则无法直接进行恢复，如果排序后还没有保存工作簿，则可以通过撤销操作的方式进行恢复。

在实际操作中主要有两种方式帮助用户恢复到排序前的状态，下面分别进行介绍。

（1）通过现有序列恢复

如果在排序前表格中存在一列数据是按照某种顺序排序的，则可以在排序后通过对该数据重新排序，使其恢复排序前的状态。

例如上一个案例中的"单号"字段的数据是按照KD213-001 ~ KD213-022 的顺序升序排列的，因此上一个案例的排序最终效果图 8-7 也可以通过该列数据进行恢复。

实例分析 **通过"单号"字段恢复排序**

打开"3 月企业销售提成表 2"工作簿，在"单号"字段中选择任意数据

单元格,在"数据"选项卡"排序和筛选"组中单击"升序"按钮即可,如图 8-8
所示。

图 8-8　设置"升序"

（2）通过辅助列恢复

在进行排序操作前如果没有能够用于恢复的列,此时就可以为其添加辅
助列,完成排序操作后可以通过排序辅助列恢复排序前的表格。

实例分析　通过辅助列恢复排序

打开"3 月企业销售提成表 3"工作簿,H1 单元格输入"辅助列"文本,
在 H2 和 H3 单元格输入"1"和"2",选择 H2:H3 单元格,双击其右下角
的控制柄即可添加辅助列,如图 8-9 所示。

图 8-9　添加辅助列

添加辅助列后就可以进行排序操作了，如果想要恢复，则直接对辅助列进行升序排序即可。

此外，销售人员在处理表格数据之前最好是将工作簿保留一个副本，避免因为操作不当导致数据无法恢复。

8.2　查看月销量数据

产品的销售量对于销售人员来说十分重要，然而在按时间依次记录的表格中难以直观查看某些产品的销售数据。在实际操作中，销售人员可以使用 Excel 中的筛选功能快速查看销售数据。

8.2.1　快速查看指定产品的销量情况

在大量的表格数据中想要找到指定的产品并查看其具体情况通常不太方便，此时可通过筛选的方式将满足条件的信息进行单独展示，方便销售人员查看。

下面以从销售数据表中筛选出"全自动洗衣机"产品对应的产品信息为例进行介绍。

实例分析 筛选出全自动洗衣机对应的销售信息

打开"3 月产品销售汇总表"工作簿，在工作表中选择任意数据单元格，然后在"数据"选项卡"排序和筛选"组中单击"筛选"按钮进入筛选状态，如图 8-10 所示。

单击 B1 单元格右下角的下拉按钮，在打开的筛选面板中仅选中"全自动洗衣机"复选框，单击"确定"按钮，如图 8-11 所示。

完成筛选后即可在工作表中查看到筛选出的全自动洗衣机的相关信息，如图 8-12 所示。

图 8-10 进入"筛选"状态

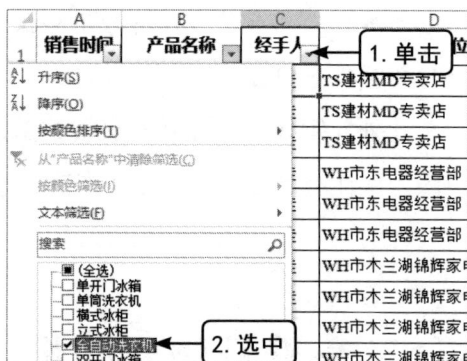

图 8-11 选择筛选内容

图 8-12 筛选结果

8.2.2 筛选销售金额在 1 万元以上的销售数据

前面介绍过销售金额对销售人员的薪资有较大影响，在实际工作中有时需要了解某一销售金额段的数据情况，例如需要了解销售金额在 5 万元～20 万元的销售数据，通过筛选功能同样可以实现。

下面通过筛选出销售金额在 1 万元以上的销售数据为例进行具体介绍。

实例分析 将销售金额大于 1 万元的数据筛选出来

打开"3 月产品销售汇总表 1"工作簿，在工作表中选择任意数据单元格，按【Ctrl+Shift+L】组合键进入筛选状态，单击 H1 单元格右下角的下拉按钮，在打开的筛选面板中选择"数字筛选 / 大于"命令，如图 8-13 所示。

在打开的"自定义自动筛选方式"对话框中的第一行右侧的下拉列表框中输入"10 000"，单击"确定"按钮，如图 8-14 所示。

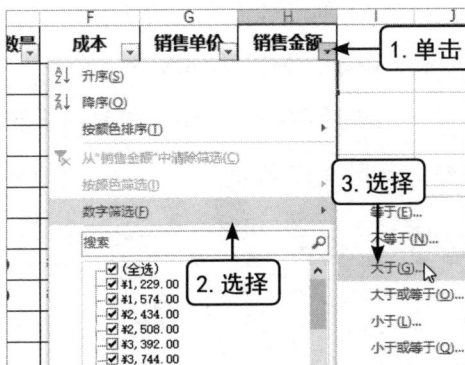

图 8-13　进入"筛选"状态

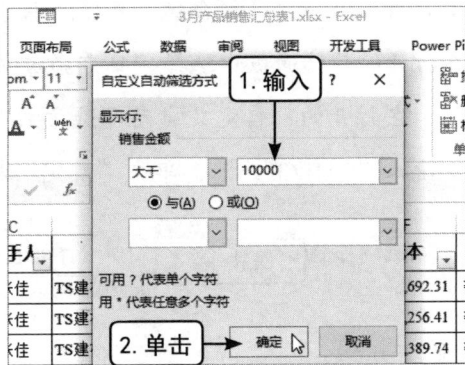

图 8-14　设置销售范围

完成筛选后即可在工作表中查看到筛选出的销售金额大于 1 万元的销售数据，如图 8-15 所示。

	B	C	D	E	F	G	H
1	产品名称	经手人	订购单位	实发数量	成本	销售单价	销售金额
8	单开门冰箱	张佳	WH市木兰湖锦辉家电经营部	10	¥ 19,230.77	¥ 2,096.00	¥ 20,960.00
9	全自动洗衣机	张佳	WH市木兰湖锦辉家电经营部	10	¥ 16,581.20	¥ 1,807.00	¥ 18,070.00
25	立式冰柜	何玲	成都MD专卖店	5	¥ 9,867.52	¥ 2,146.00	¥ 10,730.00
27	横式冰柜	何玲	CD兴业电器	5	¥ 9,867.52	¥ 2,151.00	¥ 10,755.00
36							
37							
38							

图 8-15　筛选结果

8.2.3　查看前半个月的销量情况

按照时间查看销售数据是比较常见的情况，如果手动选择某些日期的数据进行查看容易因为时间不连续或者选择不仔细等问题导致数据查看出错，此时就可以通过筛选功能将符合日期条件的数据筛选出来。

下面通过介绍具体日期筛选功能筛选出三月前半个月的销量情况为例进行介绍。

实例分析 将三月前半月的销售数据筛选出来

打开"3月产品销售汇总表2"工作簿，在工作表中选择任意数据单元格，按【Ctrl+Shift+L】组合键进入筛选状态，单击A1单元格右下角的下拉按钮，在打开的筛选面板中选择"日期筛选/之前"命令，如图8-16所示。

在打开的"自定义自动筛选方式"对话框中的第一行右侧的下拉列表框中输入"2021/3/16"，单击"确定"按钮，如图8-17所示。

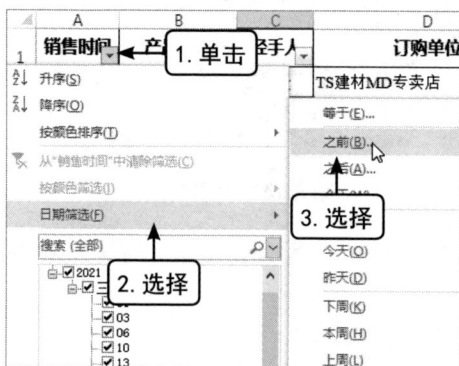

图8-16 打开"筛选面板"

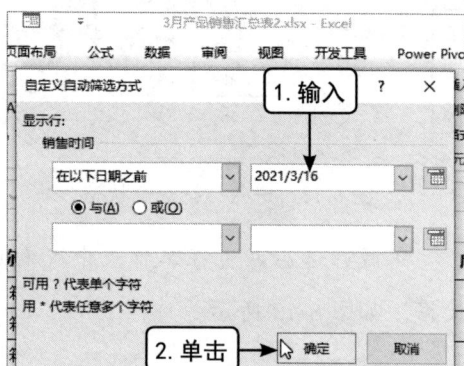

图8-17 输入日期

完成筛选后即可在工作表中查看到筛选出的三月前半月的销售数据，如图8-18所示。

	A	B	C	D	E	F	G
1	销售时间	产品名称	经手人	订购单位	实发数量	成本	销售单价
2	2021/3/1	双开门冰箱	张佳	TS建材MD专卖店	4	¥ 7,692.31	¥ 2,074.00
3	2021/3/1	双开门冰箱	张佳	TS建材MD专卖店	2	¥ 2,256.41	¥ 1,217.00
4	2021/3/3	单开门冰箱	张佳	TS建材MD专卖店	2	¥ 2,389.74	¥ 1,254.00
5	2021/3/6	横式冰柜	张佳	WH市东电器经营部	4	¥ 6,632.48	¥ 1,788.00
6	2021/3/6	单简洗衣机	张佳	WH市东电器经营部	4	¥ 7,894.02	¥ 2,129.00
7	2021/3/10	单开门冰箱	张佳	WH市东电器经营部	2	¥ 3,947.01	¥ 2,151.00
8	2021/3/13	单开门冰箱	张佳	WH市木兰湖锦辉家电经营部	10	¥ 19,230.77	¥ 2,096.00
9	2021/3/13	全自动洗衣机	张佳	WH市木兰湖锦辉家电经营部	10	¥ 16,581.20	¥ 1,807.00
10	2021/3/15	全自动洗衣机	张佳	WH市木兰湖锦辉家电经营部	4	¥ 7,692.31	¥ 1,872.00
11	2021/3/15	全自动洗衣机	张佳	WH市木兰湖锦辉家电经营部	4	¥ 7,692.31	¥ 2,074.00

图8-18 筛选结果

知识延伸 退出筛选状态

需要注意的是，筛选并不会像排序一样更改表格结构，而是将符合条件的数据展示出来，将不符合条件的数据隐藏，如果要恢复数据表直接退出筛选状态即可。退出筛选状态和进入筛选状态操作相同，可以通过单击"筛选"按钮退出和按【Ctrl+Shift+L】组合键退出筛选状态。

8.2.4 将筛选结果保存下来

在 Excel 中筛选出的数据并不是在一张表中，而只是一种显示状态，一旦退出筛选状态，筛选结果并不会保存。因此，销售人员完成筛选操作后还需要将筛选结果进行保存。

下面具体介绍将前一个案例筛选出的三月前半月的销售数据保存到另一张工作表中的操作。

实例分析 将筛选出的三月前半月的销售数据进行保存

打开"3月产品销售汇总表3"工作簿，单击工作表标签右侧的"新工作表"按钮新建空白工作表，双击该工作表标签进入编辑状态，输入"三月前半月销售数据"文本，如图 8-19 所示。

切换到"Sheet1"工作表，复制筛选出的数据，切换到新创建的工作表，单击"开始"选项卡"剪贴板"组中的"粘贴"按钮下方的下拉按钮，选择"粘贴"选项即可，如图 8-20 所示。

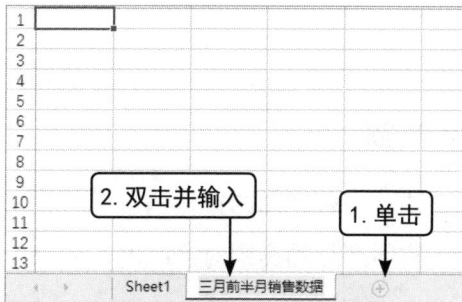

图 8-19 新建空白工作表

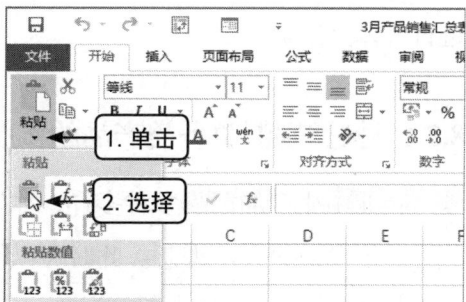

图 8-20 复制筛选出的数据

完成粘贴后调整表格单元格的行高和列宽，即可查看最终效果，如图 8-21 所示。

	A	B	C	D	E	F	G	H
1	销售时间	产品名称	经手人	订购单位	实发数量	成本	销售单价	销售金额
2	2021/3/1	双开门冰箱	张佳	TS建材MD专卖店	4	¥ 7,692.31	¥ 2,074.00	¥ 8,296.00
3	2021/3/1	双开门冰箱	张佳	TS建材MD专卖店	2	¥ 2,256.41	¥ 1,217.00	¥ 2,434.00
4	2021/3/3	单开门冰箱	张佳	TS建材MD专卖店	2	¥ 2,389.74	¥ 1,254.00	¥ 2,508.00
5	2021/3/6	横式冰柜	张佳	WH市东电器经营部	4	¥ 6,632.48	¥ 1,788.00	¥ 7,152.00
6	2021/3/6	单简洗衣机	张佳	WH市东电器经营部	4	¥ 7,894.02	¥ 2,129.00	¥ 8,516.00
7	2021/3/10	单开门冰箱	张佳	WH市东电器经营部	2	¥ 3,947.01	¥ 2,151.00	¥ 4,302.00
8	2021/3/13	单开门冰箱	张佳	WH市木兰湖锦辉家电经营部	10	¥ 19,230.77	¥ 2,096.00	¥ 20,960.00
9	2021/3/13	全自动洗衣机	张佳	WH市木兰湖锦辉家电经营部	10	¥ 16,581.20	¥ 1,807.00	¥ 18,070.00
10	2021/3/15	全自动洗衣机	张佳	WH市木兰湖锦辉家电经营部	4	¥ 7,692.31	¥ 1,872.00	¥ 7,488.00
11	2021/3/15	全自动洗衣机	张佳	WH市木兰湖锦辉家电经营部	4	¥ 7,692.31	¥ 2,074.00	¥ 8,296.00

Sheet1　三月前半月销售数据

图 8-21　粘贴效果

保存筛选结果后，即使退出筛选状态，保存的筛选结果也不会发生变化，避免进行重复筛选操作。

8.3　年度销售数据统计

年度销售数据相较于月度销售数据来说，信息量可能更大，如果要对大量的数据进行汇总分析，通过手动分析显然难度较高，而且容易出错，影响分析结果的可靠性，使用 Excel 的汇总功能可以较好地解决这些问题，下面进行具体介绍。

8.3.1　按类别汇总各类产品的年度销售额

企业中生产的产品多种多样，如果单独对每种产品的销售情况进行汇总统计，汇总效果并不理想。此时可以考虑按照产品的类别对产品的销售情况进行分类汇总。

下面以产品类别为汇总依据，对产品的销售金额进行汇总，以此为例进行具体介绍。

实例分析 按产品类别汇总年度销售额

打开"企业年度产品销售汇总表"工作簿，选择"类别"字段任意单元格，在"数据"选项卡"排序和筛选"组中单击"降序"按钮进行排序，如图 8-22 所示。

选择任意数据单元格，在"数据"选项卡"分级显示"组中单击"分类汇总"按钮，如图 8-23 所示。

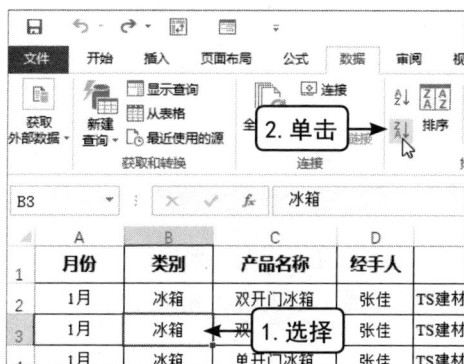

图 8-22 选择排序方式　　　　　　图 8-23 分类汇总

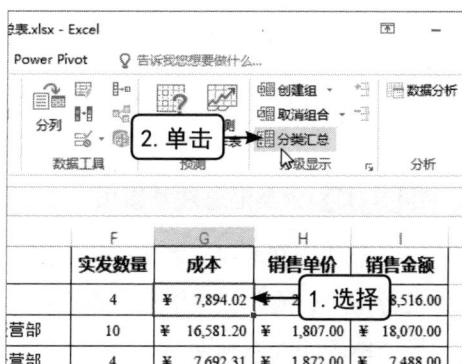

在打开的"分类汇总"对话框中的"分类字段"下拉列表框中选择"类别"选项，在"汇总方式"下拉列表框中选择"求和"选项，在"选定汇总项"列表框中选中"销售金额"复选框，如图 8-24 所示，单击"确定"按钮即可。

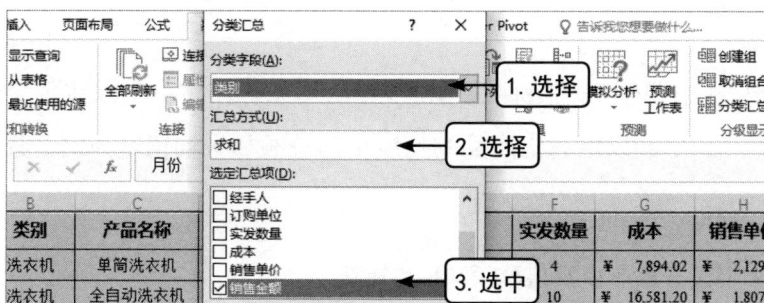

图 8-24 设置汇总项

返回到工作表中即可查看到表格内容按照产品类别进行了分类汇总，如图 8-25 所示。

1 2 3		A	B	C	D	E	F	G	H	I
	23	10月	洗衣机	单筒洗衣机	赵宇	WH市木兰湖锦辉家电经营部	2	¥ 2,256.41	¥ 1,217.00	¥ 2,434.00
	24	11月	洗衣机	全自动洗衣机	赵宇	WH市百货店	4	¥ 7,894.02	¥ 2,129.00	¥ 8,516.00
	25	11月	洗衣机	全自动洗衣机	赵宇	WH市百货店	2	¥ 3,947.01	¥ 2,151.00	¥ 4,302.00
	26	11月	洗衣机	全自动洗衣机	赵宇	WH市百货店	10	¥ 19,230.77	¥ 2,096.00	¥ 20,960.00
	27	12月	洗衣机	双桶洗衣机	赵宇	TS建材MD专卖店	4	¥ 7,111.11	¥ 1,917.00	¥ 7,668.00
	28		洗衣机 汇总							¥ 175,175.00
	29	1月	冰箱	双开门冰箱	张佳	TS建材MD专卖店	4	¥ 7,692.31	¥ 2,074.00	¥ 8,296.00
	30	1月	冰箱	双开门冰箱	张佳	TS建材MD专卖店	2	¥ 2,256.41	¥ 1,217.00	¥ 2,434.00
	31	1月	冰箱	单开门冰箱	张佳	TS建材MD专卖店	2	¥ 2,389.74	¥ 1,254.00	¥ 2,508.00
	32	2月	冰箱	单开门冰箱	张佳	WH市东电器经营部	2	¥ 3,947.01	¥ 2,151.00	¥ 4,302.00
	33	2月	冰箱	单开门冰箱	张佳	WH市木兰湖锦辉家电经营部	10	¥ 19,230.77	¥ 2,096.00	¥ 20,960.00

图 8-25　分类汇总后的效果

知识延伸 分类汇总注意事项

　　需要注意的是，在 Excel 中进行分类汇总之前，首先需要对汇总字段进行排序。因此，在汇总之前需要考虑是否需要还原表格，如果需要则在排序前添加等差辅助列。

8.3.2　同时查看各产品的年度销售总额和平均销量

　　在实际工作中，汇总数据可能并不只是需要进行求和，有时还需要求平均值、计数、求最大值以及求最小值等，这些在 Excel 中也都可以通过分类汇总实现。

　　在 Excel 中要想实现两种汇总，仅单次汇总操作往往难以实现，这也是操作的难点。下面以汇总出产品的年度销售总额和平均销量为例，具体介绍相关操作。

实例分析 汇总产品年度销售总额和平均销量

　　打开"企业年度产品销售汇总表"工作簿，选择"类别"字段任意单元格，在"数据"选项卡"排序和筛选"组中单击"降序"按钮进行排序，如图 8-26 所示。

选择任意数据单元格，在"数据"选项卡"分级显示"组中单击"分类汇总"按钮，如图 8-27 所示。

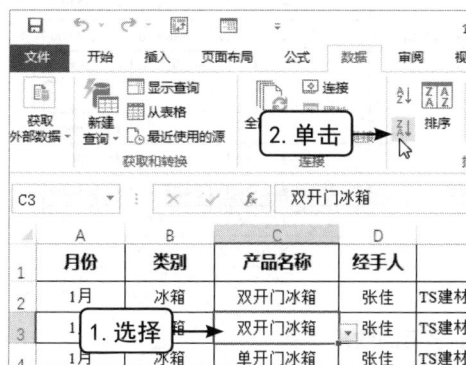

图 8-26　选择排序方式

图 8-27　分类汇总

在打开的对话框中分别设置分类字段、汇总方式和汇总项，如图 8-28 所示，单击"确定"按钮。

再次单击"分类汇总"按钮，打开"分类汇总"对话框进行分类字段、汇总方式和汇总项设置，最后取消选中"替换当前的分类汇总"复选框，如图 8-29 所示，单击"确定"按钮。

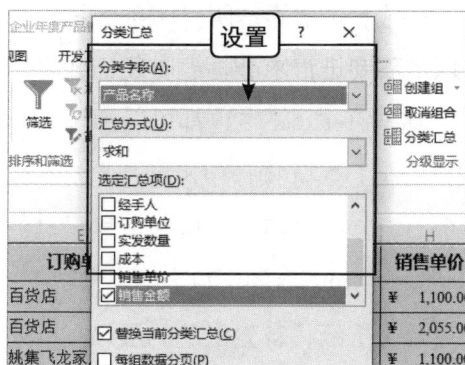

图 8-28　设置内容

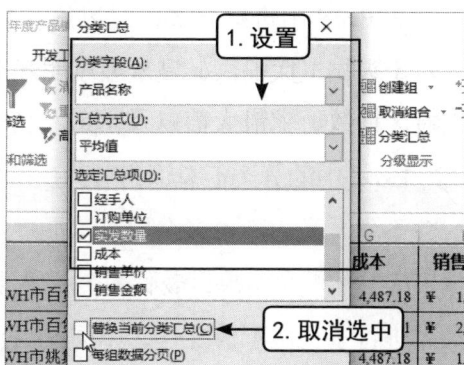

图 8-29　取消"替换当前的分类汇总"

返回到工作表中即可查看到表格内容按照产品类别进行了分类汇总，如图 8-30 所示。

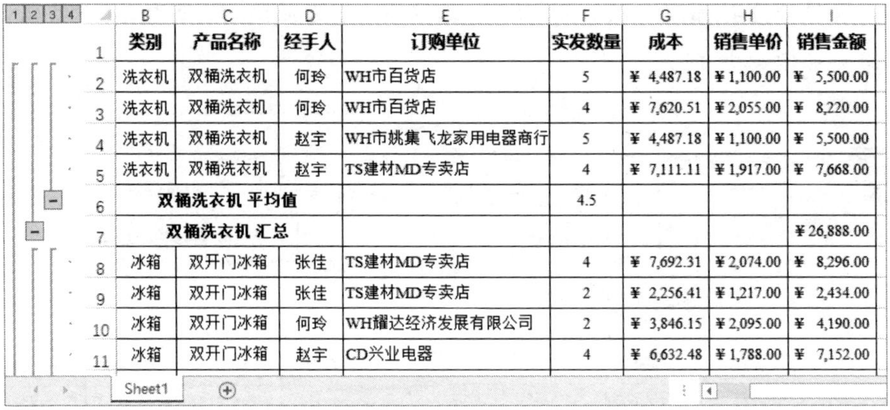

图 8-30　分类汇总后的效果

知识延伸 清除分类汇总

清除分类汇总的操作比较简单，只需要在打开的"分类汇总"对话框中单击"全部删除"按钮即可清除分类汇总。

8.3.3　按级别查看汇总数据

在 Excel 中进行分类汇总以后，默认情况下显示的是所有明细数据。然而对于数据量大的表，完全显示明细数据，不利于汇总数据的查看，此时可以按数据级别分别查看汇总数据。

Excel 中的分类汇总通常分为三个级别，但是实际操作中进行分类汇总的次数不同，又会产生多个层级（最多八个）。其中，第一个层级只显示对数据表的整体汇总结果；最后一个层级显示数据源和所有的汇总内容（默认）；如果进行了几次汇总操作，中间就会产生几个层级，且先汇总的层级高于后汇总的层级。

下面以分级查看上一个案例中的分类汇总结果为例，进行具体介绍。

实例分析 按级别查看汇总的年度销售额和销量

打开"企业年度产品销售汇总表2"工作簿，由于上一个案例中进行了两次分类汇总操作，再加上层级和最后一层级，则共有四个层级，如图8-31所示，默认情况下是以第四层级显示的。

	类别	产品名称	经手人	订购单位	实发数量	成本	销售单价	销售金额
1	洗衣机	双桶洗衣机	何玲	WH市百货店	5	¥ 4,487.18	¥ 1,100.00	¥ 5,500.00
2	洗衣机	双桶洗衣机	何玲	WH市百货店	4	¥ 7,620.51	¥ 2,055.00	¥ 8,220.00
3	洗衣机	双桶洗衣机	赵宇	WH市姚集飞龙家用电器商行	5	¥ 4,487.18	¥ 1,100.00	¥ 5,500.00
4	洗衣机	双桶洗衣机	赵宇	TS建材MD专卖店	4	¥ 7,111.11	¥ 1,917.00	¥ 7,668.00
5	双桶洗衣机 平均值				4.5			
6	双桶洗衣机 汇总							¥ 26,888.00
7	冰箱	双开门冰箱	张佳	TS建材MD专卖店	4	¥ 7,692.31	¥ 2,074.00	¥ 8,296.00
8	冰箱	双开门冰箱	张佳	TS建材MD专卖店	2	¥ 2,256.41	¥ 1,217.00	¥ 2,434.00
9	冰箱	双开门冰箱	何玲	WH耀达经济发展有限公司	2	¥ 3,846.15	¥ 2,095.00	¥ 4,190.00

图 8-31　显示方式

第三层级则是以忽略明细数据的方式显示的，即只显示所有的汇总项目。只需要单击工作表左上角的 3 按钮即可查看，如图8-32所示。

	月份	类别	产品名称	经手人	订购单位	实发数量	成本	销售单价	销售金额
6	双桶洗衣机 平均值					4.5			
7	双桶洗衣机 汇总								¥ 26,888.00
14	双开门冰箱 平均值					3.1666667			
15	双开门冰箱 汇总								¥ 35,927.00
29	全自动洗衣机 平均值					3.9230769			
30	全自动洗衣机 汇总								¥ 97,982.00
38	立式冰柜 平均值					3.8571429			
39	立式冰柜 汇总								¥ 52,309.00
50	横式冰柜 平均值					4.3			

图 8-32　查看所有的汇总项目

由于汇总产品实发数量平均值操作是在汇总销售金额之后，所以其层级较低，在第二层级不会显示出来。只需要单击工作表左上角的 2 按钮即可查看第二层级的分类汇总效果，如图8-33所示。

第一层级忽略所有分类汇总内容，值显示总计分类汇总结果。只需要单击工作表左上角的 1 按钮即可查看第一层级的显示效果，如图 8-34 所示。

	月份	类别	产品名称	经手人	订购单位	实发数量	成本	销售单价	销售金额
7			双桶洗衣机 汇总						¥　26,888.00
15			双开门冰箱 汇总						¥　35,927.00
30			全自动洗衣机 汇总						¥　97,982.00
39			立式冰柜 汇总						¥　52,309.00
51			横式冰柜 汇总						¥　77,394.00
62			单筒洗衣机 汇总						¥　50,305.00
76			单开门冰箱 汇总						¥　88,698.00
77			总计平均值			3.7868852			
78			总计						¥　429,503.00

图 8-33　查看第二层级的分类汇总效果

	月份	类别	产品名称	经手人	订购单位	实发数量	成本	销售单价	销售金额
77			总计平均值			3.7868852			
78			总计						¥　429,503.00
79									
80									
81									
82									
83									
84									
85									
86									
87									
88									

图 8-34　查看第一层级的分类汇总效果

8.4　对多个工作表中产品销售数据合并汇总

前面介绍的汇总方式都是在同一张工作表中实现的，但是在现实情况中，很多时候数据并不在同一张工作表，这种情况下要进行数据汇总就比较困难，使用前面的方法难以实现。这时可以考虑使用 Excel 中的三维引用功能和合并计算的方法实现。

8.4.1 利用三维引用公式实现多表汇总

引用多个工作表上的相同单元格或范围称为三维引用。三维引用是引用遵循相同模式且每个工作表上的单元格包含相同类型的数据（例如合并组织中不同部门的预算数据时）的有用且方便的方式。

通过三维引用可以对多个工作表中的数据进行求和、求平均值、计数、统计以及查找最大值等，高效便捷。

现在某企业的销售额统计表按月统计了上半年各产品的销售情况，每月记录了一张工作表，表结构相同，现在需要统计上半年各产品销量的平均值和销售金额的总和，下面进行具体介绍。

实例分析 汇总上半年产品销量的平均值和销售金额

打开"上半年企业销售额统计表"工作簿，切换到"上半年汇总"工作表，选择 B2 单元格，在编辑栏输入"=AVERAGE("，如图 8-35 所示。

然后单击"1月"工作表标签，按住【Shift】键，单击"6月"工作表标签，然后选择 D2 单元格，按【Ctrl+Enter】组合键进行销量汇总，如图 8-36 所示。

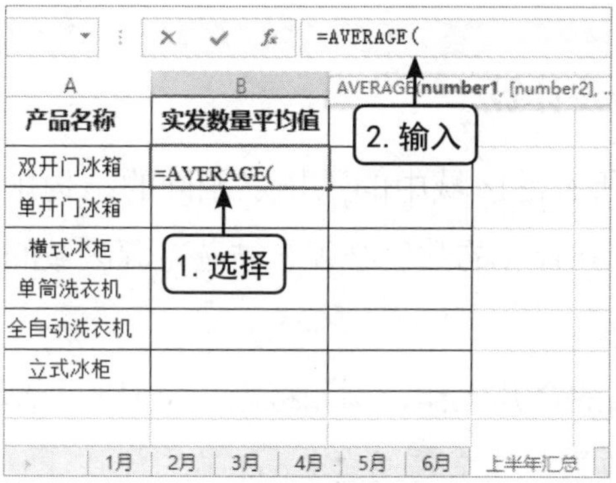

图 8-35 输入公式 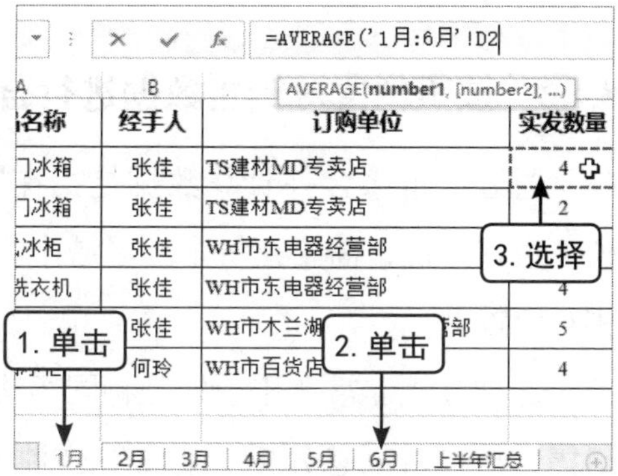   图 8-36 销量汇总

在"上半年汇总"工作表中拖动 B2 单元格右下角的填充柄向下填充到 B7 单元格，如图 8-37 所示。

选择 C2:C7 单元格区域，在编辑栏中输入"=SUM('1 月 :6 月 '!G2)"公式，按【Ctrl+Enter】组合键即可汇总上半年销售金额，如图 8-38 所示。

图 8-37　填充序列

图 8-38　汇总上半年销售金额

知识延伸　AVERAGE () 函数说明

　　AVERAGE() 函数是计算平均值函数，其语法结构为：AVERAGE (number, number2,…)，其中，number，number2，为要计算平均值的 1 ～ 255 个参数。这些参数可以是数字，或者是涉及数字的名称、数组或引用。

8.4.2　按照位置对销售数据进行合并计算

　　通过位置来合并计算数据是指在所有源区域中的数据以相同的结构排列，也就是说，需要在每个源区域中合并计算的数值必须在被选定源区域的相对位置上。

　　这种方式非常适用于处理相同表格的合并工作，例如将近三个月的产品销售数据进行汇总分析。要实现这种效果，通常是通过 Excel 中的合并计算功能。

　　下面将具体介绍如何通过合并计算功能，将企业三个销售分部的产品销售情况进行汇总，而结果保存到另一个工作表中。

实例分析 通过分类汇总按照位置汇总销售数据

打开"企业年度销售额统计表"工作簿，切换到"年度汇总表"工作表，选择 B1 单元格，在"数据"选项卡"数据工具"组中单击"合并计算"按钮，如图 8-39 所示。

在打开的"合并计算"对话框的"引用位置"参数框中选择"一分部销售额"工作表中的 B1:F13 单元格区域，单击"添加"按钮，如图 8-40 所示。

图 8-39 合并计算

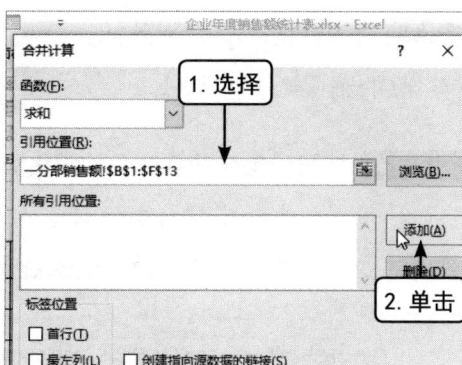

图 8-40 设置"引用位置"

用同样的方法将其他两张工作表中的 B1:F13 单元格区域添加到"所有引用位置"列表框，选中"首行"复选框，单击"确定"按钮，如图 8-41 左图所示。返回到工作簿即可查看汇总效果，如图 8-41 右图所示。

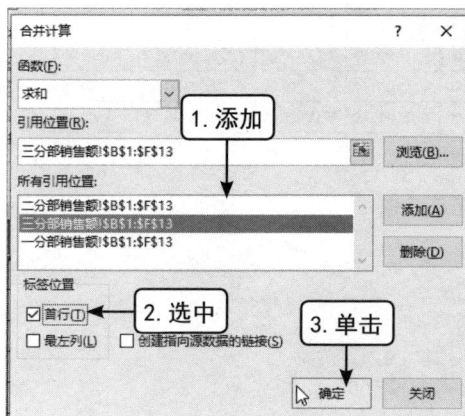

图 8-41 汇总效果

8.4.3 按照分类对销售数据进行合并计算

通过类别来合并计算数据是指当多重来源区域包含相似的数据却以不同方式排列时，也就是说，当选定格式的表格具有不同的内容时，可以根据这些表格的分类来分别进行合并工作。

以上一个案例为例，如果每个销售部都要销售耐热玻璃水杯、304 不锈钢水杯、316 不锈钢水杯和塑料水杯四种相同的产品。此外，每个销售部还要单独销售一种产品（紫砂杯、一次性纸杯和陶瓷杯），到了年底需要将所有产品的销售额进行汇总。

实例分析 按照分类合并各产品的销售数据

打开"企业年度销售额统计表 1"工作簿，其操作方法与上一个案例完全相同，这里不再重复介绍，汇总效果如图 8-42 所示。

	A	B	C	D	E	F	G	H
1	月份	耐热玻璃水杯	304不锈钢水杯	316不锈钢水杯	一次性纸杯	陶瓷杯	紫砂杯	塑料水杯
2	1月	¥ 22,100.00	¥ 17,000.00	¥ 43,800.00	¥ 39,800.00	¥ 60,000.00	¥ 15,000.00	¥ 85,000.00
3	2月	¥ 26,500.00	¥ 23,600.00	¥ 53,000.00	¥ 55,000.00	¥ 65,000.00	¥ 12,000.00	¥ 71,000.00
4	3月	¥ 30,500.00	¥ 26,600.00	¥ 47,000.00	¥ 65,000.00	¥ 55,000.00	¥ 13,000.00	¥ 70,000.00
5	4月	¥ 34,350.00	¥ 30,250.00	¥ 46,500.00	¥ 50,000.00	¥ 50,000.00	¥ 20,000.00	¥ 55,000.00
6	5月	¥ 33,000.00	¥ 27,000.00	¥ 45,000.00	¥ 30,000.00	¥ 30,000.00	¥ 30,000.00	¥ 42,000.00
7	6月	¥ 34,500.00	¥ 31,000.00	¥ 63,400.00	¥ 36,000.00	¥ 15,000.00	¥ 50,000.00	¥ 41,000.00
8	7月	¥ 32,000.00	¥ 32,000.00	¥ 63,400.00	¥ 12,000.00	¥ 36,000.00	¥ 65,000.00	¥ 50,000.00
9	8月	¥ 33,000.00	¥ 28,500.00	¥ 69,000.00	¥ 20,000.00	¥ 12,000.00	¥ 60,000.00	¥ 54,000.00
10	9月	¥ 56,700.00	¥ 55,100.00	¥ 69,000.00	¥ 21,000.00	¥ 20,000.00	¥ 55,000.00	¥ 46,600.00
11	10月	¥ 48,000.00	¥ 45,000.00	¥ 85,400.00	¥ 13,000.00	¥ 13,000.00	¥ 36,000.00	¥ 24,000.00
12	11月	¥ 84,400.00	¥ 81,000.00	¥ 117,000.00	¥ 15,000.00	¥ 21,000.00	¥ 21,000.00	¥ 18,200.00
13	12月	¥ 111,000.00	¥ 135,000.00	¥ 159,000.00	¥ 11,000.00	¥ 11,000.00	¥ 11,000.00	¥ 4,500.00

一分部销售额　二分部销售额　三分部销售额　**年度汇总表**　…　⊕

图 8-42 汇总效果

第 9 章

利用图表直观展示数据分析结果

　　对于销售数据分析而言，数据分析结果的展示也十分重要。通过图表不仅能够直观展示数据，还能够方便自己或他人查看分析结果，因此销售人员应当掌握图表的相关用法。

- 消费者渠道选择分析
- 利用分离式饼图查看库存数据
- 客户销售份额分布分析
- 销售趋势预测

9.1 销售市场调查分析

对于有经验的销售人员来说，销售不仅要埋头苦干，还需要掌握一定的方法和技巧。销售市场的调查分析就是销售人员开展销售活动前需要重点了解的，只有了解当前的市场行情，销售人员的销售活动才能更加顺利。

9.1.1 分析调查对象特征

对调查对象的特征进行分析，能够帮助销售人员锁定潜在客户群体，这样有助于销售人员针对性地开展销售活动。特征分析主要是对客户的性别和年龄进行分析。

下面通过创建圆环图和饼图分别对客户的性别和年龄进行分析，具体的操作方式如下。

实例分析 分析客户的性别和年龄

打开"企业消费对象特征分析"工作簿，切换到"消费对象性别分析"工作表，选择 A1:B3 单元格区域，在"插入"选项卡"图表"组中单击"插入饼图或圆环图"下拉按钮，选择"圆环图"选项，如图 9-1 所示。

双击图表的数据系列，在打开的"设置数据系列格式"窗格的"系列选项"选项卡中设置圆环图内径大小为"55%"，如图 9-2 所示。

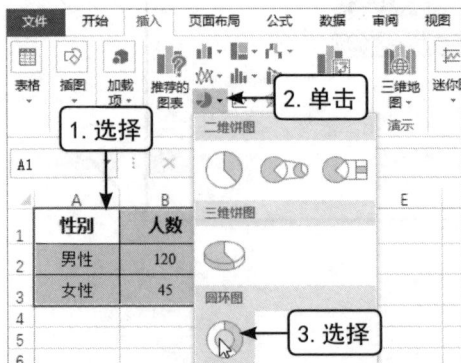

图 9-1　选择区域及统计方式

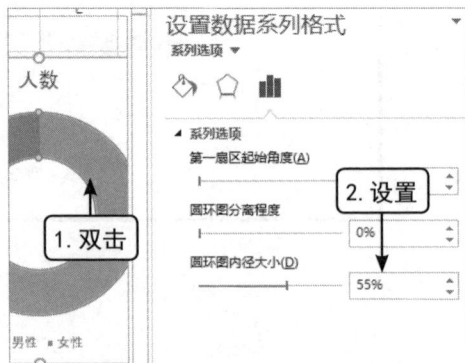

图 9-2　设置"数据系列格式"

选择图表，单击右上角的"图表元素"按钮，在弹出的列表中单击"数据标签"选项右侧的展开按钮，选择"更多选项"命令，如图 9-3 所示。

在打开的窗格中仅选中"类别名称"复选框和"百分比"复选框，单击"分隔符"下拉列表框，选择"（分行符）"选项，如图 9-4 所示。删除图表图例，输入图表标题，分别设置数据标签和图表标题的字体格式。

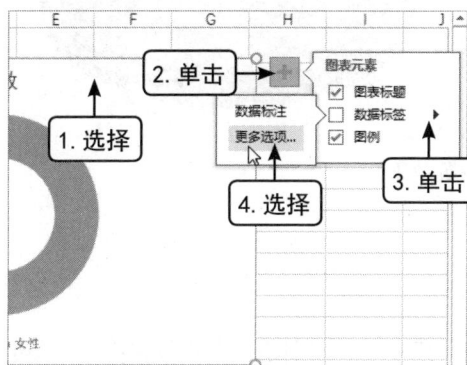

图 9-3　选择"更多选项"　　　　图 9-4　设置"字体格式"

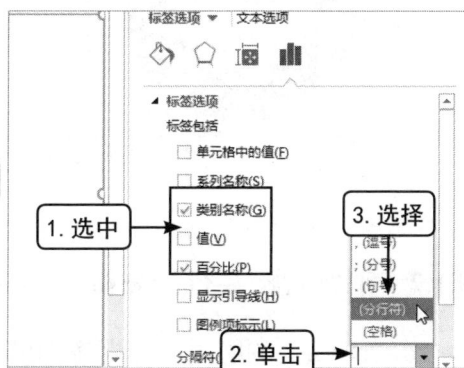

切换到"消费对象年龄分析"工作表，根据表中的数据源创建三维饼图。选择图表，在"图表工具 设计"选项卡"图表样式"组中选择"样式 8"选项，如图 9-5 所示。

双击图表的数据标签，在打开的窗格中的"标签选项"选项卡中选中"百分比"复选框，如图 9-6 所示。然后输入图表标题，设置图表标题的字体格式。

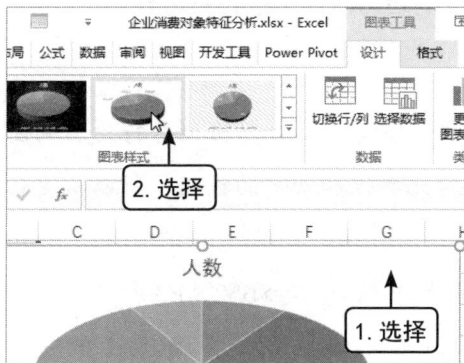

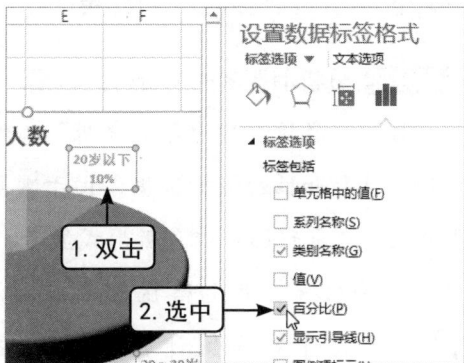

图 9-5　创建三维饼图　　　　图 9-6　设置图表标题字体格式

完成设置即可查看消费者性别分布和年龄分布情况，如图 9-7 所示。

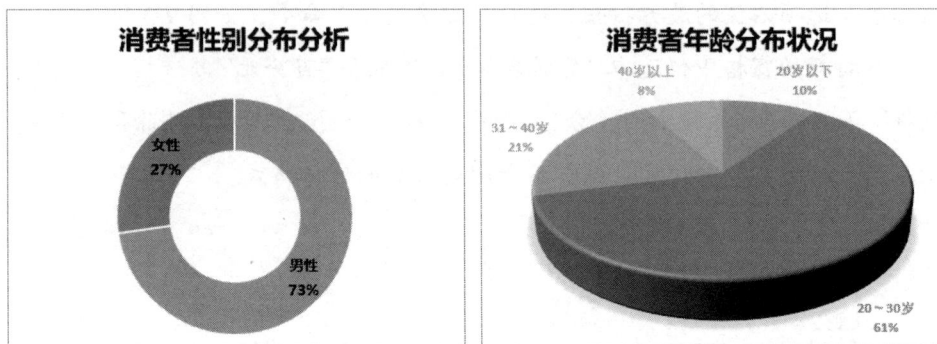

图 9-7　设置效果

9.1.2　消费者购买行为分析

分析消费者的购买行为能够了解消费者的行为习惯，直观反映出产品或服务的市场表现。通过购买行为分析，销售人员更容易掌握影响消费的人为因素，有利于促进消费活动的开展。

通常情况下，影响消费者消费的因素主要有品牌知名度、商场规模、交通情况、商品质量以及商品价格。此外，影响消费者的因素对于男性消费者和女性消费者的影响也各不相同。

因此可以通过对比男性和女性消费者的消费行为习惯，从而得出分析结论，下面通过创建条形图对比男性和女性消费习惯为例进行具体介绍。

实例分析 分析消费者的消费行为习惯

打开"消费者行为习惯分析"工作簿，首先需要计算出消费行为影响因素对男性和女性的影响数据，由于需要对比男性和女性的数据，所以需要让男性数据在条形图中以负数形式显示。

选择 G2:G6 单元格区域，在编辑栏中输入"=$B$2×B3×−1"，按【Ctrl+Enter】组合键计算；选择 H2:H6 单元格区域，在编辑栏中输入"=$C$2×C3"，按【Ctrl+Enter】组合键计算，如图 9-8 所示。

双击图表的数据系列，在打开的"设置数据系列格式"窗格的"系列选项"选项卡中设置系列重叠为"100%"，设置分类间距为"7%"，如图9-9所示。

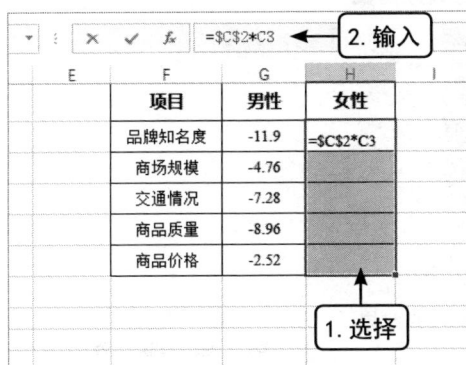

图9-8　输入公式

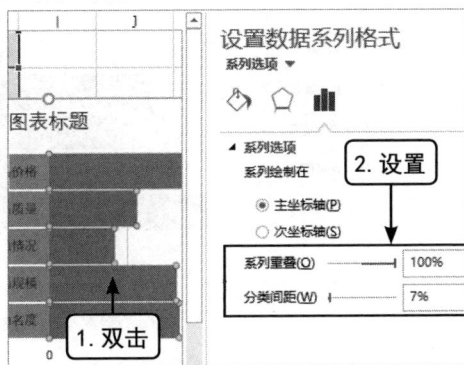

图9-9　设置格式

选择图表的垂直轴，在"设置坐标轴格式"窗格中的"坐标轴选项"选项卡的"标签"栏中单击"标签位置"下拉按钮，选择"低"选项，如图9-10所示。

为图表添加数据标签，选择数据为负的数据标签，在窗格中的"数据标签"选项卡"数字"栏的"格式代码"文本框中输入"#;#0.00"，单击"添加"按钮，将负值标签转换为正值，如图9-11所示。

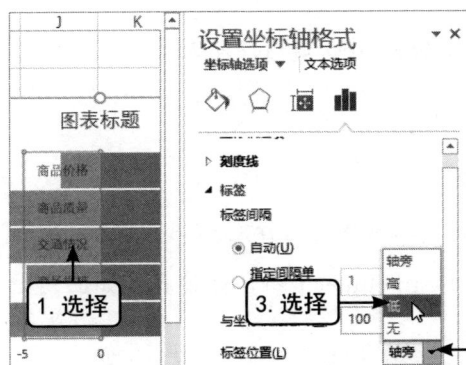

图9-10　设置标签位置

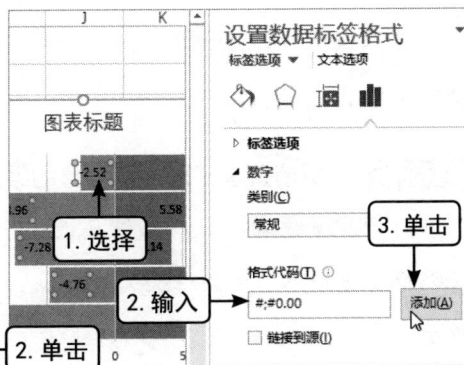

图9-11　设置数据标签

然后选择图表的水平轴和网格线将其删除，为图表添加图表标题，分别设置图表标题、垂直轴、数据标签和图例的字体格式即可，如图 9-12 所示。

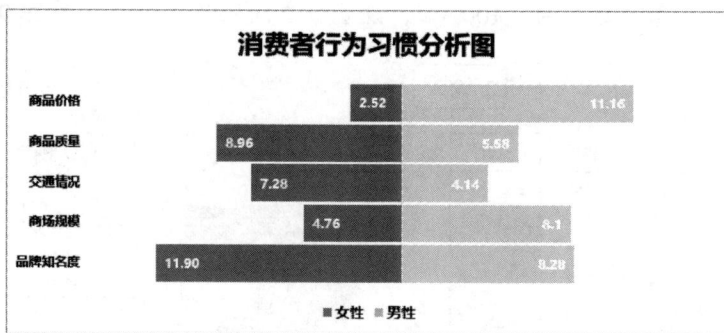

图 9-12　设置后的效果

从图 9-12 中可以发现男性消费者更看重品牌知名度、交通情况和商品质量；而女性消费者更看重商品价格、商场规模和品牌知名度。这样销售人员就可以有针对性地进行销售。

9.1.3　消费者渠道选择分析

对消费者的购买行为进行分析，还需要分析消费者了解和购买商品的具体渠道，从而进行精准定位市场，这样更有助于销售人员提升销量，降低销售难度。

下面具体介绍创建图表分析消费者了解公司产品的具体渠道，从而判断销售工作的重点和方向。

实例分析 分析消费者了解产品信息的渠道

打开"消费者获取产品信息渠道分析"工作簿，选择 C2:C8 单元格区域，在编辑栏中输入"=B2/$B$9"公式，按【Ctrl+Enter】组合键计算，如图 9-13 所示。

选择 A1:A8 单元格区域，按住【Ctrl】键，选择 C1:C8 单元格区域，单击"插入"选项卡"图表"组中的"插入柱形图或条形图"下拉按钮，选择"三维簇状条形图"选项，如图 9-14 所示。

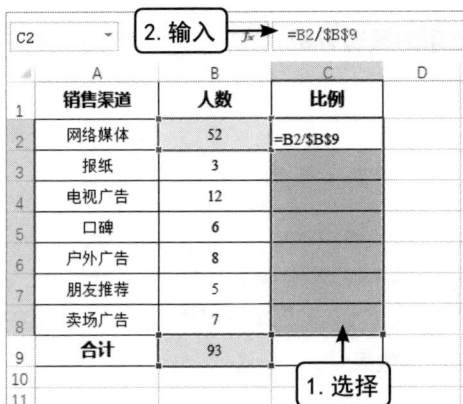

图 9-13　输入公式

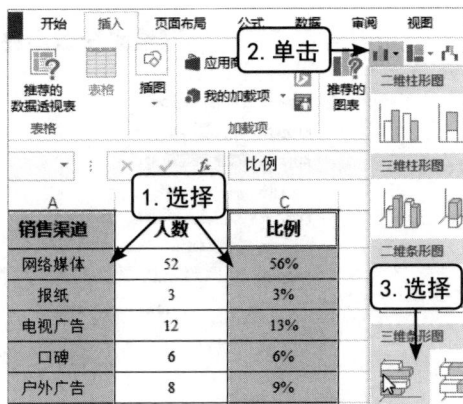

图 9-14　选择图表样式

在"图表工具 设计"选项卡中为图表套用"样式 7"图表样式，为图表添加数据标签，如图 9-15 所示。

双击图表的网格线，在打开的"设置主要网格线格式"窗格中的"填充与线条"选项卡的"线条"栏中单击"颜色"下拉按钮，选择合适的颜色，设置宽度为"1 磅"，如图 9-16 所示。

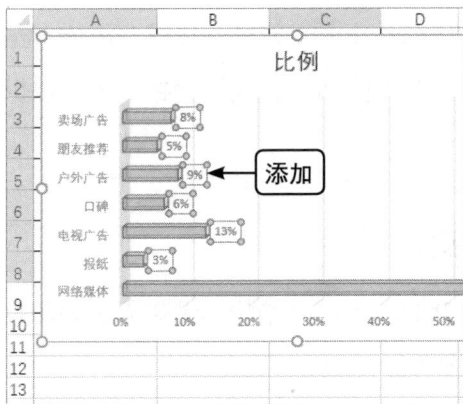

图 9-15　添加数据标签

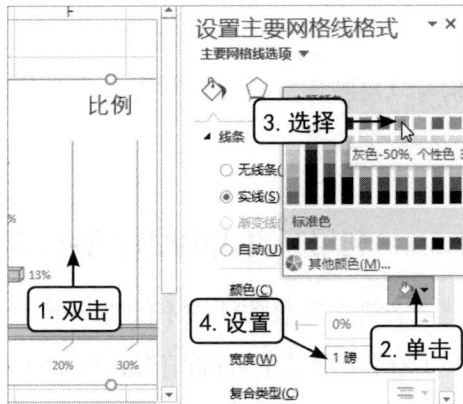

图 9-16　设置主要网格线格式

为图表添加图表标题，分别设置图表标题、垂直轴、数据标签和图例的字体格式即可，如图 9-17 所示。

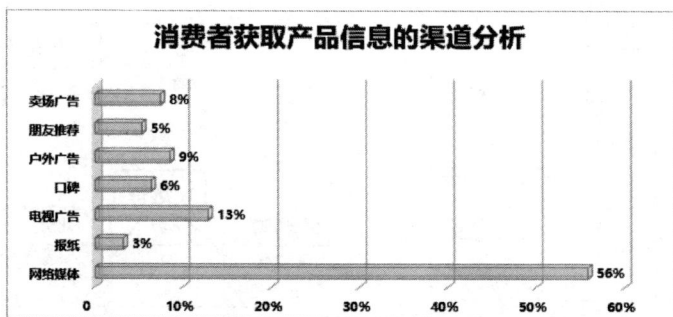

图 9-17　设置后的效果

通过图 9-17 中分析结果可以发现，该企业产品的消费者获取产品信息主要是通过网络媒体，占比达到了 56%，因此销售人员在后续的销售工作中应当将重点放在网络媒体渠道上。

9.2　库存产品结构组成分析

产品库存结构可以分为库存总额、结构和比率总额等，通过分析库存结构可以反映出库存总金额中各类产品的库存占比情况，能够为销售人员提供一些数据参考。

9.2.1　利用分离式饼图查看库存数据

表格中的数据往往不能直观展示年度的库存产品结构，销售人员要想直观了解各种库存产品的情况，可以通过图表进行展示。

在 Excel 中，数据的占比情况常用饼图进行数据展示和分析，这里以创建三维分离饼图展示 2020 年库存数据为例进行具体介绍。

实例分析 创建三维分离饼图展示库存占比

打开"近 4 年企业库存统计表"工作簿，选择 A1:G2 单元格区域，并以此为数据源创建三维饼图，如图 9-18 所示。

双击图表的数据系列，在打开的"设置数据系列格式"窗格中设置第一扇区起始角度为"200°"，设置饼图分离程度为"25%"，如图 9-19 所示。

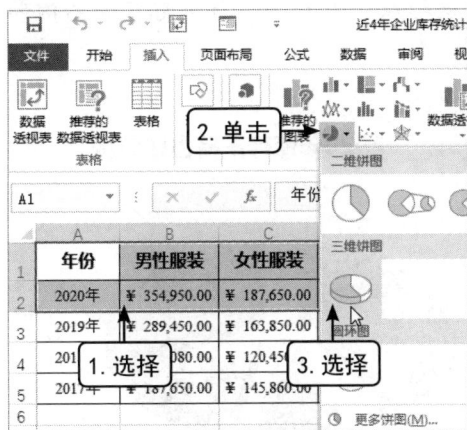

图 9-18　选择数据源

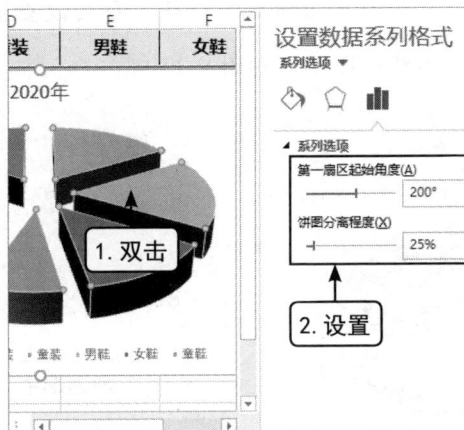

图 9-19　设置数据系列格式

选择图表的图例，在"设置图例格式"窗格的"图例选项"选项卡中选中"靠右"单选按钮，如图 9-20 所示。

选择图表，在"图表工具 设计"选项卡"图表布局"组中单击"添加图表元素"下拉按钮，在弹出的下拉菜单中选择"数据标签/数据标签内"命令，如图 9-21 所示。

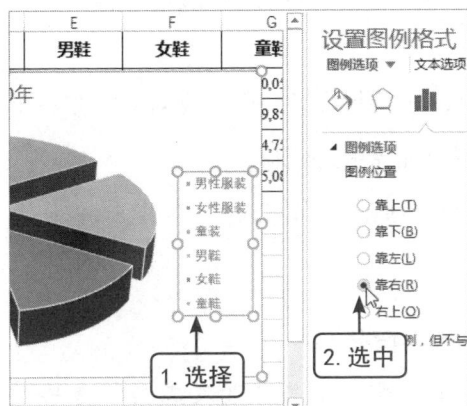

图 9-20　选择图例位置

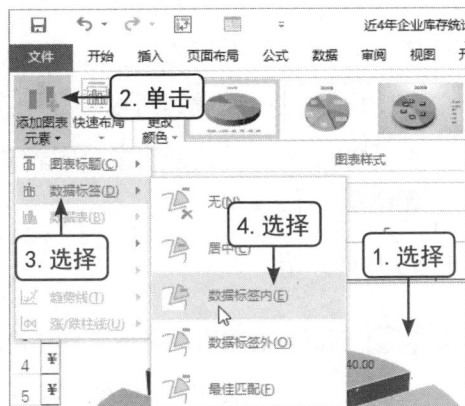

图 9-21　设置数据标签位置

选择图表的数据标签，在"设置数据标签格式"窗格的"标签选项"选项卡的"标签选项"栏中选中"百分比"复选框，取消选中"值"复选框，如图 9-22 所示。

为图表添加图表标题，分别设置图表标题、垂直轴、数据标签和图例的字体格式即可，如图 9-23 所示。

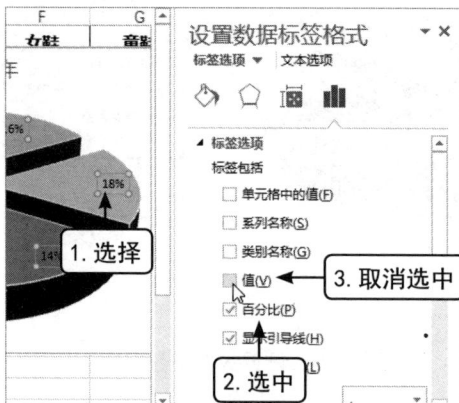

图 9-22　选择数据显示格式

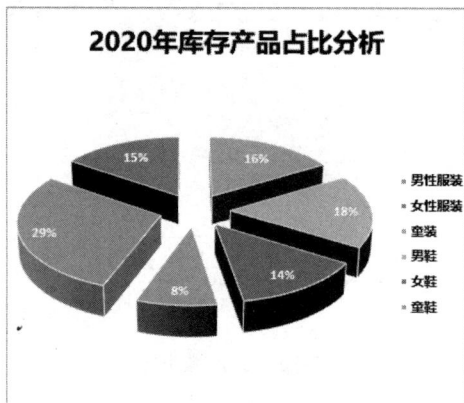

图 9-23　设置效果

9.2.2　绘制动态的组合图表

从上一个案例我们可以看到最终创建的图表只能够分析 2020 年的库存产品占比，要是想要查看其他年度的数据则需要重新创建图表或是调整图表引用的数据源，十分不方便。

要想解决这个问题，可以创建动态图表，让所有年份的数据集中在一个图表中即可显示，避免创建多个图表造成不必要的麻烦。

制作动态图表的方法较多，这里介绍通过控件的方式制作动态图表，下面进行具体介绍。

实例分析　创建动态图表动态展示各年份的库存情况

打开"近 4 年企业库存统计表 1"工作簿，单击"开发工具"选项卡"控件"组中的"插入"下拉按钮，选择"组合框（窗体控件）"选项，如图 9-24 所示。

当鼠标光标变为十字形状时，按住鼠标左键拖动即可绘制一个组合框控件，如图9-25所示。

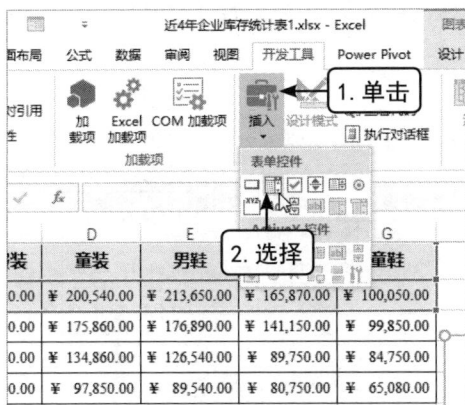

图9-24 选择"表单控件"

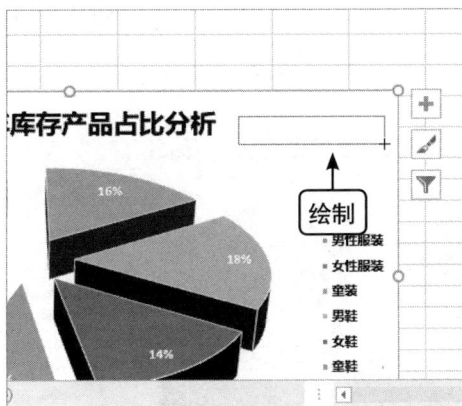

图9-25 绘制组合框控件

在绘制好的控件上右击，在弹出的快捷菜单中选择"设置控件格式"命令，如图9-26所示。

在打开的"设置控件格式"对话框的"控制"选项卡中分别设置数据源区域为"$A$2:$A$5"，设置单元格链接为"$A$8"，在"下拉显示项数"文本框中输入"4"，如图9-27所示，单击"确定"按钮进行保存。

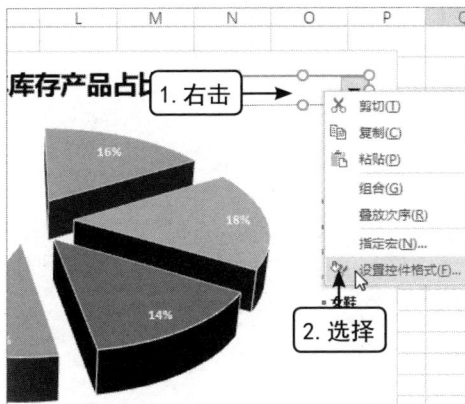

图9-26 设置控件格式

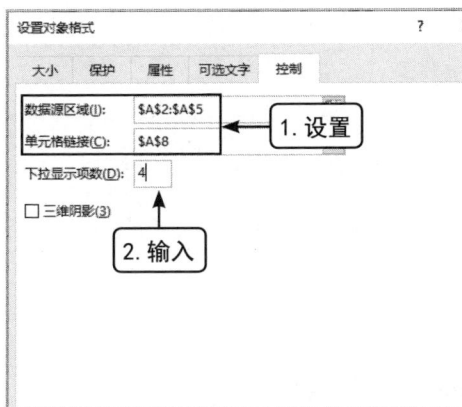

图9-27 设置对象格式

单击组合框控件，在弹出的下拉列表中选择"2019年"选项，连接的

A8 单元格将返回一个数字，如图 9-28 所示。

复制 B1:G1 的表头，将其粘贴到 B7:G7 单元格区域，选择 B8:G8 单元格区域，在编辑栏中输入"=INDEX(B2:B5,$A$8)"公式，按【Ctrl+Enter】组合键引用当年数据，如图 9-29 所示。

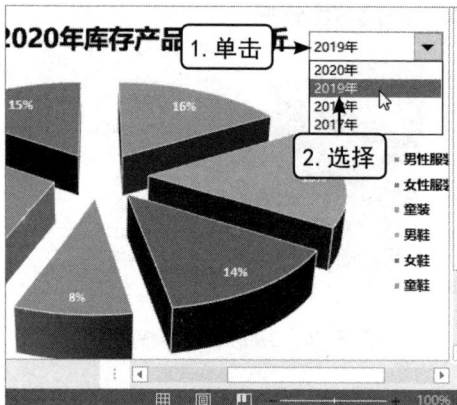

图 9-28　选择年份

图 9-29　输入公式

选择图表，单击"图表工具 设计"选项卡"数据"组中的"选择数据"按钮，如图 9-30 所示。

在打开的"选择数据源"对话框中删除"图表数据区域"参数框中的内容，在工作表中选择 B7:G8 单元格区域，如图 9-31 所示，单击"确定"按钮进行保存。

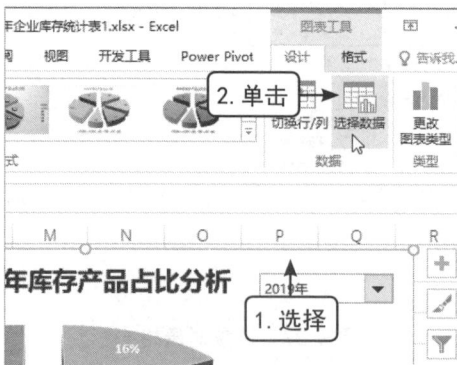

图 9-30　单击"选择数据"按钮

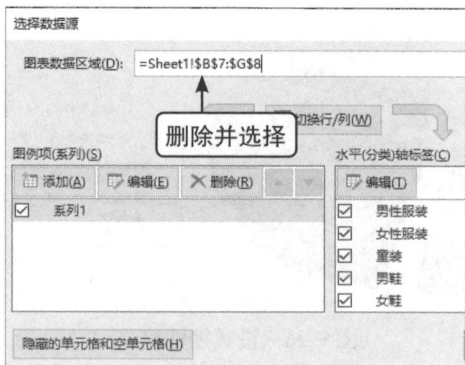

图 9-31　选择数据源

返回到工作表中重新将数据标签设置为百分比显示，修改图表标题，如图 9-32 所示。然后从控件中选择需要查看的年份，图表将自动更换为当年库存产品的占比情况。

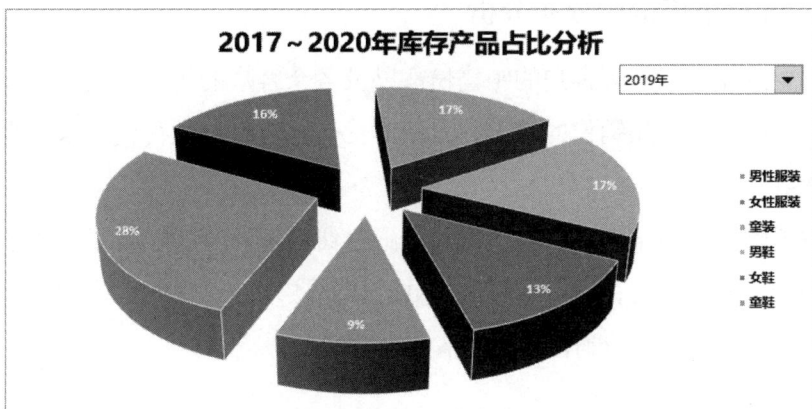

图 9-32　显示结果

知识延伸 INDEX() 函数说明

INDEX() 函数主要返回表或区域中的值或值的引用，其语法结构为：INDEX(array, row_num,[column_num])，其中，array 必需，为单元格区域或数组常量。如果数组只包含一行或一列，则相对应的参数 row_num 或 column_num 为可选参数。如果数组有多行和多列，但只使用 row_num 或 column_num，函数 INDEX() 返回数组中的整行或整列，且返回值也为数组。row_num 必需，表示选择数组中的某行，函数从该行返回数值。如果省略 row_num，则必须有 column_num。column_num 可选，表示选择数组中的某列，函数从该列返回数值。如果省略 column_num，则必须有 row_num。

9.3　产品年度销量分析

对于销售人员而言，不仅要在销售前通过数据分析做好销售准备，还需要在销售工作完成后分析销售情况如何，从分析中总结自身存在的问题，及时进行解决。

9.3.1 客户销售份额分布分析

对企业而言，了解客户的销售份额以及各个客户的年度销售占比情况，有利于了解企业产品销售的状况，方便对优秀销售客户进行奖励以及均衡各地供货量。

要了解客户的销售额占比情况可以通过饼图进行分析，要了解各销售人员的销售额排名情况，可以通过 RANK() 函数实现。这里介绍按照销售额由大到小的顺序展示客户销售额分布情况。

实例分析 创建饼图展示客户销售额分布

打开"客户销售份额统计表"工作簿，选择 E2:E12 单元格区域，在编辑栏中输入"=D2/SUM($D$2:$D$12)"，按【Ctrl+Enter】组合键计算占比，如图 9-33 所示。

选择 F2:F12 单元格区域，在编辑栏中输入"=RANK(D2,$D$2:$D$12)"，按【Ctrl+Enter】组合键计算排名，如图 9-34 所示。

图 9-33 输入公式 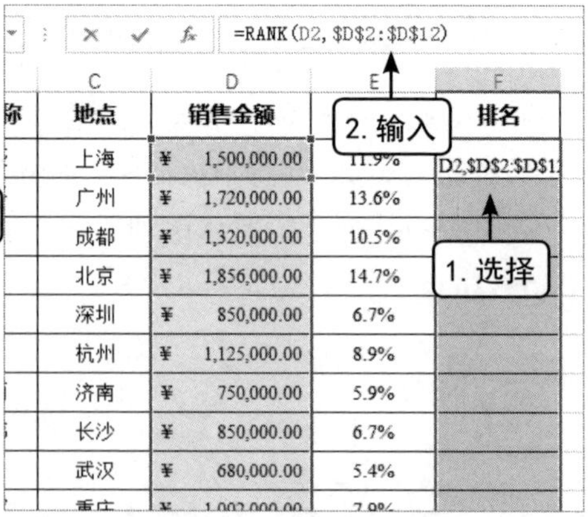   图 9-34 计算排名

选择"排序"字段中任意数据单元格，在"数据"选项卡"排序和筛选"

组中单击"升序"按钮，如图9-35所示。

选择A1:A11和D1:D11单元格区域，创建饼图，选择图表，单击"图表工具 设计"选项卡"图表布局"组中的"添加图表元素"下拉按钮，选择"数据标签 / 数据标签外"命令，如图9-36所示。

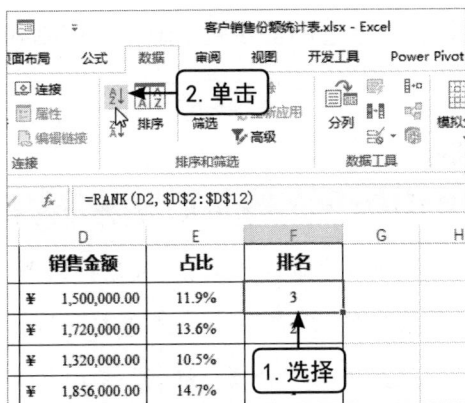

图9-35　排序

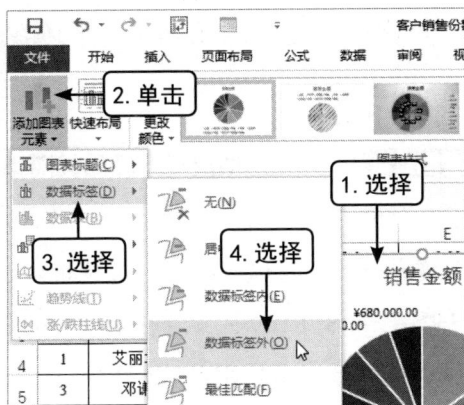

图9-36　设置数据位置

双击图表数据标签，在打开的窗格中的"标签选项"栏中选中"百分比"和"类别名称"复选框，取消选中"值"复选框，设置分隔符为"；"，如图9-37所示。

为图表设置标题，将数据标签拖动到合适的位置，并设置文本字体格式，即可查看最终效果，如图9-38所示。

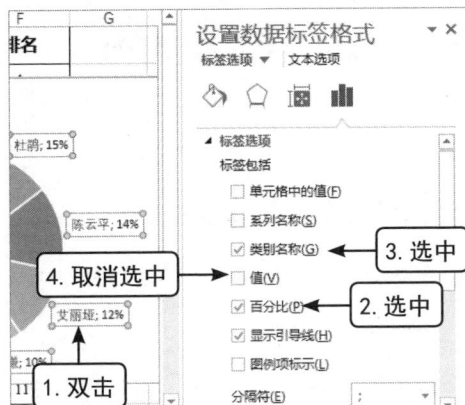

图9-37　设置数据标签格式

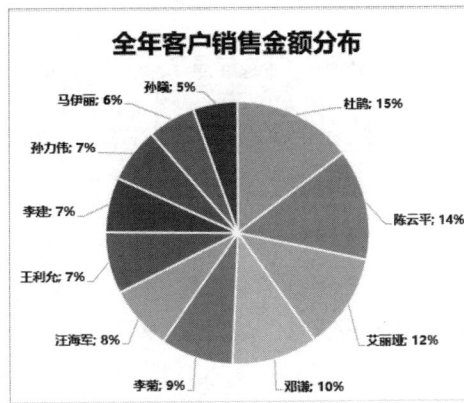

图9-38　设置效果

9.3.2　突出显示畅销产品和滞销产品

在上一章节中已经介绍过通过公式计算判断企业中的畅销商品、滞销商品和一般商品，但是显示效果并不直观，不利于进行查看和分析，这时可以考虑通过图表进行对比分析。

下面介绍通过柱形图对比滞畅销比率，并通过趋势线展示出畅销产品和滞销产品。

实例分析 通过柱形图展示产品的畅滞销情况

打开"热销商品分析表"工作簿，在数据表右侧分别添加一列滞销比率数据和一列畅销比率数据（畅滞销比率小于 2.5% 为滞销，大于 5% 为畅销）。选择 A1:A15、E1:E15、F1:F15 和 G1:G15 单元格区域，单击"插入"选项卡"图表"组中的"插入组合图"下拉按钮，选择"创建自定义组合图"命令，如图 9-39 所示。

在打开的对话框中将下方列表框中的"滞销"和"畅销"系列的图表类型设置为"折线图"，单击"确定"按钮，如图 9-40 所示。

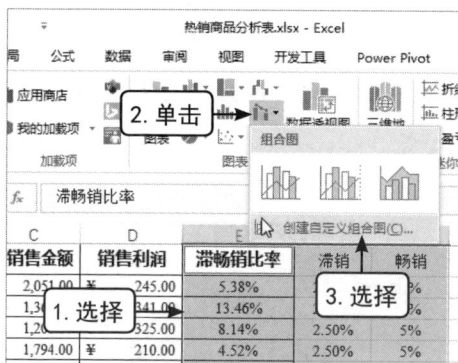

图 9-39　选择数据源

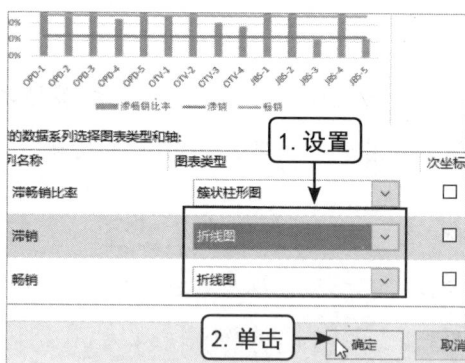

图 9-40　设置图表类型

双击图表的垂直轴，在打开的"设置坐标轴格式"窗格的"坐标轴选项"栏中的"最大值"文本框中输入"0.14"，如图 9-41 所示。

选择"畅销"数据系列，在"设置数据系列格式"窗格的"填充与线条"

选项卡的"线条"栏中设置合适的颜色，设置短划线类型为"划线－点"，如图 9-42 所示。同样的方法设置"滞销"数据系列。

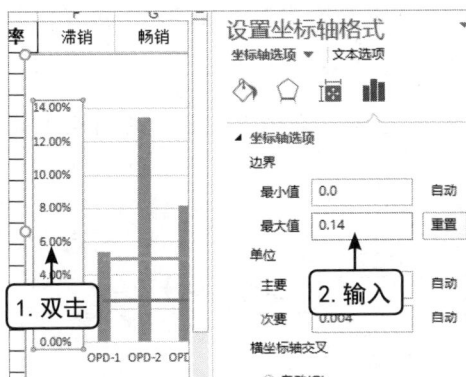

图 9-41 设置坐标轴格式   图 9-42 设置数据系列

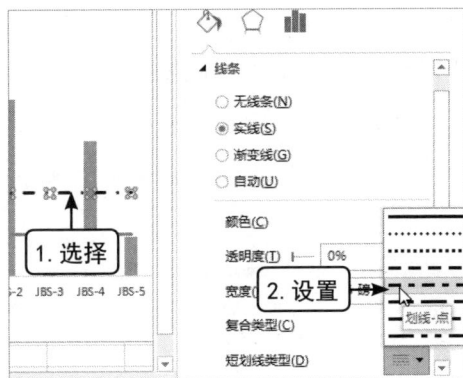

为图表设置合适的标题和字体格式即可查看最终效果，如图 9-43 所示。

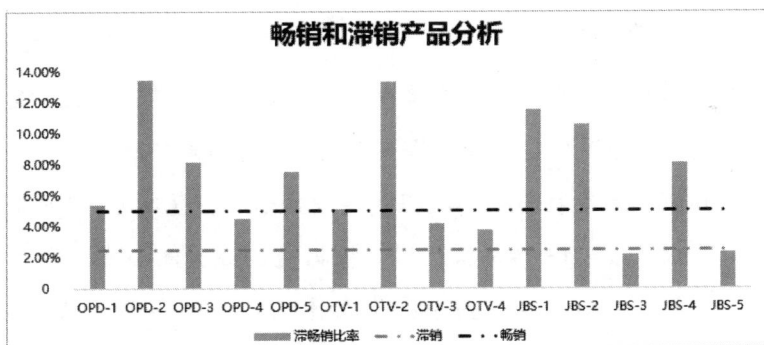

图 9-43 最终效果

9.3.3 销售趋势预测

销售趋势预测是指根据以往的销售情况以及使用系统内部内置或用户自定义的销售预测模型获得的对未来销售情况的预测。通过销售趋势预测能够帮助销售人员为以后的销售工作做好准备，提升销售稳定性。

某企业记录了 2021 年上半年的各月份的产品销售额数据，现在需要在此基础上预测下半年产品的销售走势。

实例分析 预测下半年产品销售额走势

打开"产品销售统计"工作簿，选择 A1:B7 单元格区域，单击"插入"选项卡"图表"组中的"插入散点图（X、Y）或气泡图"下拉按钮，选择"带平滑线和数据标记的散点图"命令，如图 9-44 所示。

选择创建的图表，单击右上角的"图表元素"按钮，在打开的列表中选中"趋势线"复选框，如图 9-45 所示。

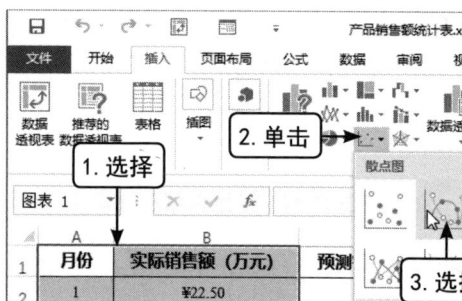

图 9-44　选择图表样式

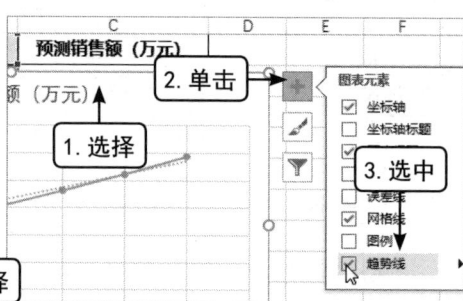

图 9-45　选择图表元素

双击图表趋势线，在打开的窗格中选中"多项式"单选按钮，选中"显示公式"复选框，如图 9-46 所示。即可在图表中查看趋势线公式。

为了使预测出的数据与实际数据是连续显示的，复制 B7 单元格数据到 C7 单元格，选择 C8:C13 单元格区域，根据趋势线预测公式，在编辑栏输入"=0.2732*A8^2+0.5189*A8+21.59"，按【Ctrl+Enter】组合键计算，如图 9-47 所示。

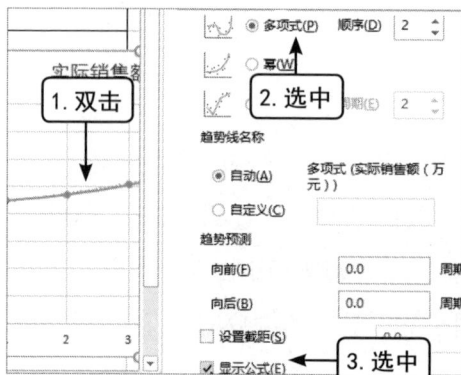

图 9-46　查看趋势线公式

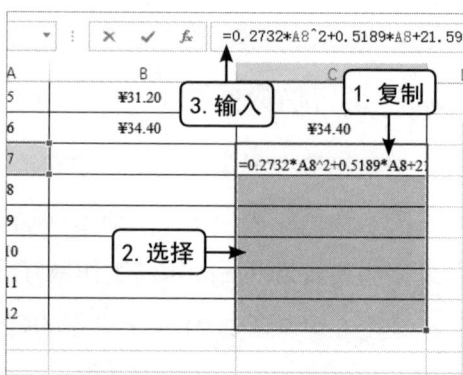

图 9-47　输入公式

选择图表，拖动数据表中蓝色框线右下角的控制点到 C13 单元格，将预测数据添加到图表中，如图 9-48 所示。

分别设置垂直轴的最大值为 70，最小值为 20；设置水平轴最大值为 12，最小值为 1，如图 9-49 所示。

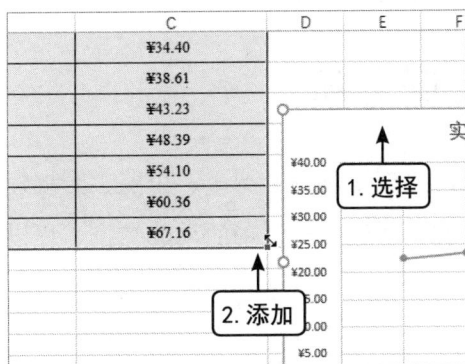

图 9-48　添加数据

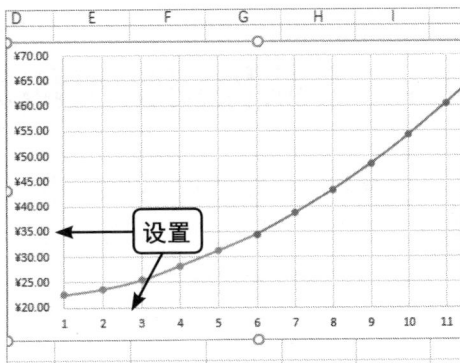

图 9-49　设置坐标轴

选择图表中的"预测销售额（万元）"数据系列，在"设置数据系列格式"窗格的"填充与线条"选项卡"线条"栏中选中"实线"单选按钮，设置短划线类型为"划线 - 点"，如图 9-50 所示。

为图表添加图例和图表标题，并设置相应的字体格式即可查看到下半年产品销售额的走势，如图 9-51 所示。

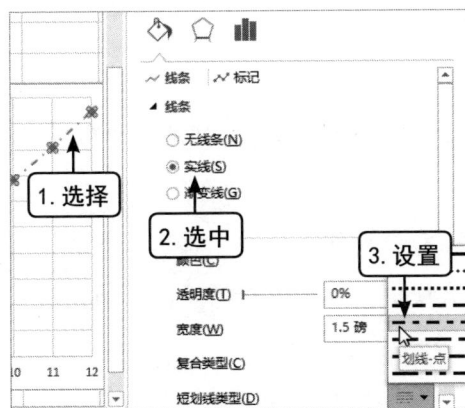

图 9-50　设置划线类型

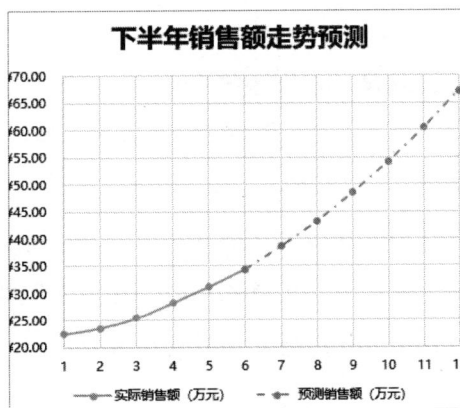

图 9-51　查看销售额走势

可以看出，根据企业前 6 个月的销售额走势，可以发现下半年销售额十分可观。但是需要注意的是，影响销售额走势的因素较多，在进行实际分析的过程中应当充分考虑各种影响因素。

9.4　产品促销情况的数据分析

企业在产品销售不理想或是为了快速占据市场等情况下，可能会开展促销活动，以便帮助企业获取更好的知名度。通过分析促销活动的数据，可以了解到消费者对产品的认可情况。

9.4.1　促销活动的主要项目

促销活动的开展不仅要明确具体的时间点，还需要注意项目与项目之间的衔接，如果仅用表格数据进行展示，则容易导致相关人员无法正确理解，造成促销活动出现问题，此时可以考虑使用甘特图展示项目进度。

甘特图又称为横道图、条状图，其通过条状图来显示项目、进度和其他时间相关的系统进展的内在关系随着时间进展的情况。下面具体介绍通过 Excel 制作促销项目甘特图。

实例分析　商品促销活动项目安排图

打开"商品促销活动安排表"工作簿，选择整个数据表，创建堆积条形图，如图 9-52 所示。

分别双击"计划开始日"数据系列，在打开的窗格的"填充与线条"选项卡中选中"无填充"和"无线条"单选按钮，如图 9-53 所示。用同样的方法设置"计划结束日"数据系列。

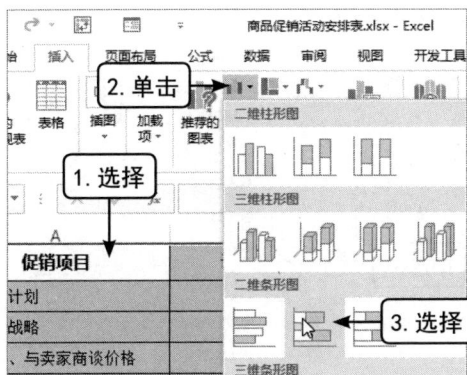

图 9-52　创建堆积条形图

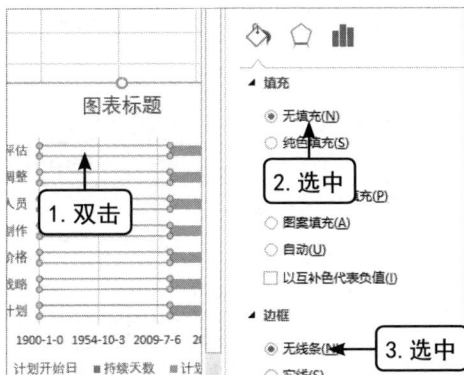

图 9-53　设置线条格式

选择水平轴，在打开的窗格的"坐标轴选项"选项卡中分别设置最大值为"44324"、设置最小值为"44287"、设置主要为"2"、设置次要为"1"，如图 9-54 所示。

保持水平轴选择状态，单击"大小与属性"选项卡，在"自定义角度"文本框中输入"-50°"，如图 9-55 所示。

图 9-54　设置坐标轴格式

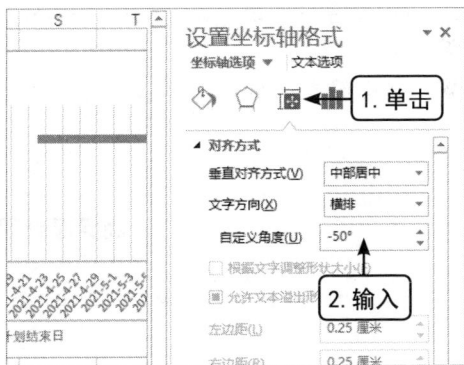

图 9-55　设置"对齐方式"

选择垂直轴，在"设置坐标轴格式"窗格中的"坐标轴选项"选项卡的"坐标轴选项"栏中选中"逆序类别"复选框，在"标签"栏中设置标签位置为"高"，如图 9-56 所示。

选择图表中的网格线，在窗格中的"填充与线条"选项卡中设置颜色为"黑色"，设置短划线类型为"短划线"，如图 9-57 所示。

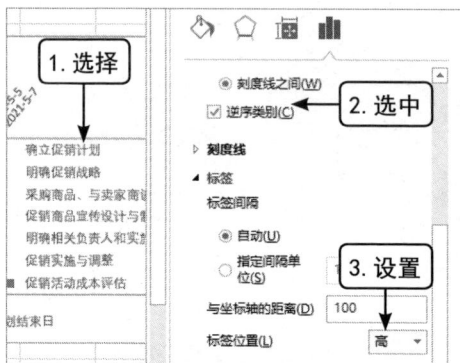

图 9-56　设置标签位置

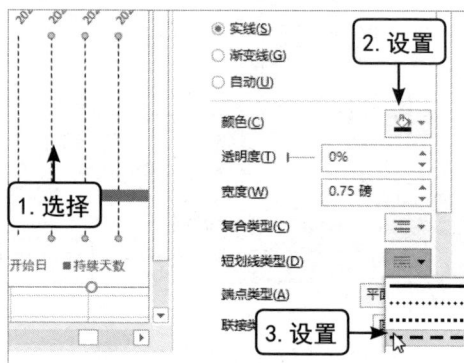

图 9-57　设置线条格式

知识延伸 设置水平轴取值刻度

　　在图 9-54 中，设置坐标轴最大值和最小值时用到的一系列数字代表具体日期，其中，"最小值"44287 代表的日期是 2021 年 4 月 1 日；"最大值"44324 代表的是 2021 年 5 月 7 日。如果要查看日期对应的序列，可以选择日期单元格，将单元格格式设置为数字格式即可。

　　删除图表图例，为图表设置合适的标题和字体格式即可查看最终效果，如图 9-58 所示。

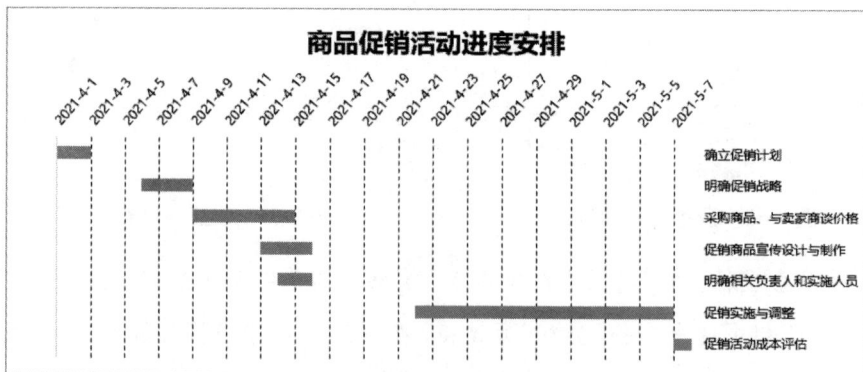

图 9-58　最终效果

　　相较于普通表格，通过甘特图则可以直观了解促销活动的具体信息，如开始时间、结束时间、各项目开展时间、项目持续时间以及项目开展的先后顺序等。

9.4.2 分析促销活动中的爆款产品

爆款产品分析不论是对企业还是销售人员都是有必要的，企业可以通过爆款产品的生产销售获利，销售人员在推销产品时，也可以通过爆款产品吸引客户，获得较高的销售额。

下面介绍通过在促销活动中获取的销售数据，可以分析出爆款产品并进行突出显示，下面进行具体介绍。

实例分析 突出显示促销活动爆款产品

打开"促销活动产品销量统计"工作簿，选择 A1:B7 单元格，单击"插入"选项卡中的"插入饼图或圆环图"下拉按钮，选择"饼图"选项，如图 9-59 所示。

选择图表，在"图表工具 设计"选项卡中为图表应用"样式 8"图表样式，如图 9-60 所示。

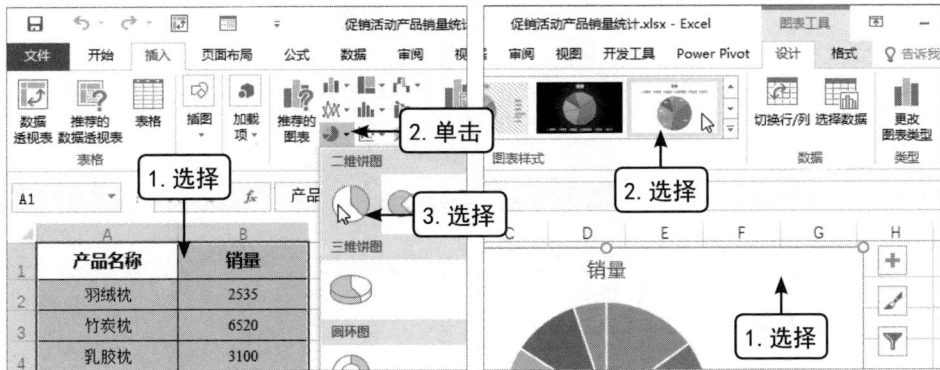

图 9-59　插入饼图　　　　　图 9-60　选择图表样式

两次单击选择"竹炭枕"数据系列并双击，在打开的"设置数据点格式"窗格中设置点爆炸型为"20%"，如图 9-61 所示。

选择数据标签，在"设置数据标签格式"窗格的"标签选项"选项卡中"类别名称"复选框，如图 9-62 所示。

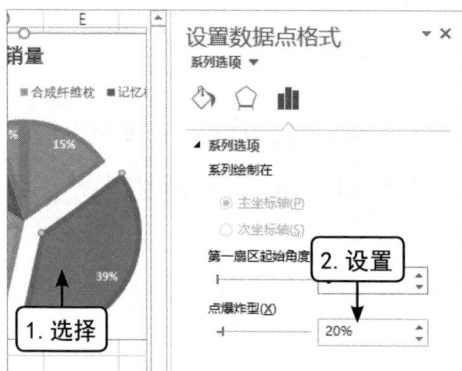

图 9-61　设置数据点格式

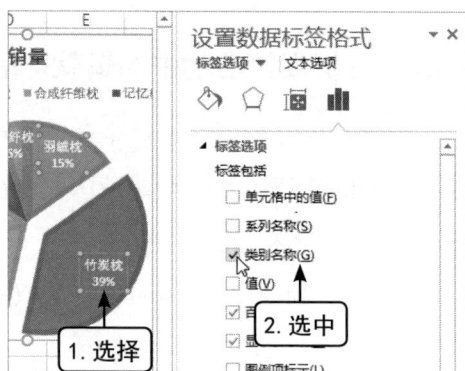

图 9-62　设置数据标签格式

删除图表图例，为图表设置合适的标题和字体格式即可查看最终效果，如图 9-63 所示。

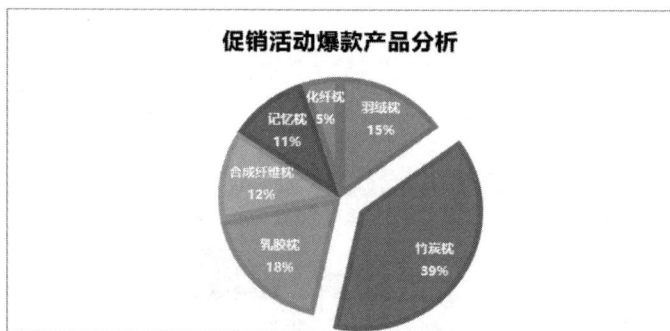

图 9-63　最终效果

从图 9-63 中可以看到此次促销活动的产品销量情况，其中竹炭枕销量最高，销售人员在后续的销售过程中可多向客户进行推荐。

第 10 章

透视分析和展示销售数据

随着销售人员级别不断提升，接触到的数据也会越来越多，对于销售人员的能力也提出了更高的要求。当面对大量数据难以入手时，销售人员可以考虑使用 Excel 中的数据透视表和数据透视图进行数据分析，提升效率。

查看各地区不同城市的商品销售总额

计算各种产品的平均售价

通过筛选器动态查看销量情况

公司月销售额结构分析

10.1　公司年度商品销售数据透视分析

前面介绍的销售数据分析方法主要是通过公式函数计算、Excel 自带分析功能以及图表等完成的，Excel 中的数据透视表工具则是一种更加高效的数据分析工具，能够轻松解决许多复杂问题，销售人员应当掌握。

10.1.1　查看各地区不同城市的商品销售总额

企业的一个销售年度内通常会发生大量的销售活动，并产生大量的销售数据，如果要从中获取相应的销售数据，仅通过前面的方法不能灵活进行数据分析，这时可以考虑使用数据透视表。

数据透视表是一种交互式的表可以动态地改变它们的版面布置，以便按照不同方式分析数据，是一种高效的数据分析工具。

下面介绍创建数据透视表分析不同地区不同城市的商品销售总额。

实例分析　分析不同地区不同城市的产品销售额

打开"年度产品销售统计表"工作簿，选择工作表中任意数据单元格，单击"插入"选项卡"表格"组中的"数据透视表"按钮，如图 10-1 所示。

在打开的"创建数据透视表"对话框中选中"新工作表"单选按钮，如图 10-2 所示，然后单击"确定"按钮。

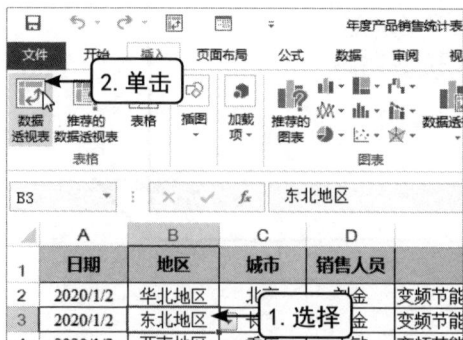

图 10-1　单击"数据透视表"按钮　　　　图 10-2　创建新工作表

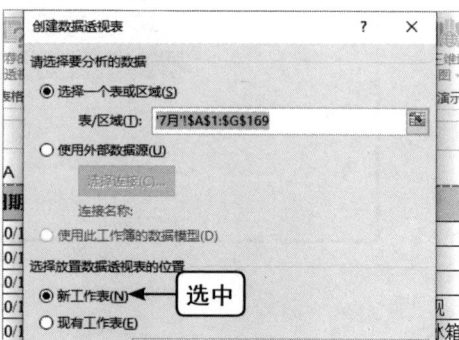

在新打开的工作表中的"数据透视表字段"窗格中依次选中"地区""城

市"和"销售额"复选框，如图 10-3 所示。

选择 B4:B21 单元格区域，在"开始"选项卡"数字"组中单击"数字格式"文本框右侧的下拉按钮，选择"货币"选项，如图 10-4 所示。

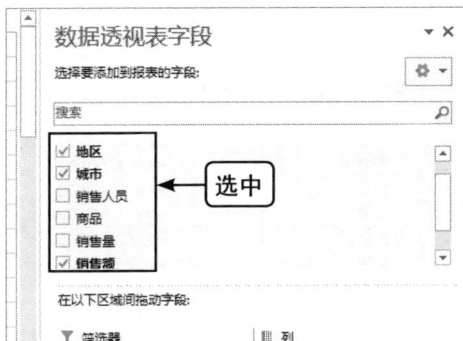

图 10-3　选择要添加的字段

图 10-4　数字格式设置

知识延伸 妥善处理与客户的摩擦

　　数据透视表从结构上来看，可以分为四部分，分别是行区域、列区域、筛选区域和值区域，如图 10-5 所示。行区域中的字段将作为数据透视表的行标签。每个字段中的每一项显示在区域的每一行中；每个字段中的每一项显示在列区域中的每一列中。通过筛选区域可以一次性对整个数据透视表中的数据进行筛选，该区域中的数据是对数据透视表中行字段和列字段数据的计算和汇总。

图 10-5　数据透视表的四大区域

选择任意数据单元格，按【Ctrl+H】组合键，在打开的"查找和替换"

对话框的"查找内容"文本框中输入"求和项:"文本,在"替换为"文本框中输入空格,单击"全部替换"按钮,如图10-6所示。

完成设置后即可查看最终效果,各地区和各城市当年的销售额数据,不再需要手动计算,如图10-7所示。

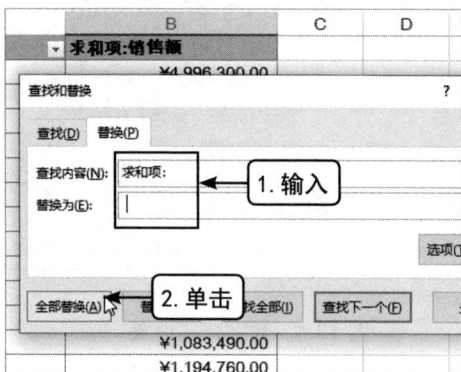

图10-6 设置替换内容

图10-7 最终效果

知识延伸 展开和折叠字段

在上面的案例中,行字段包含了其地区字段,"区域"字段下方还有各个城市字段,图10-7所示为完全展开状态,然而在实际分析过程中有时需要查看各地区的销售额数据,此时可以选择行区域任意数据单元格,在"数据透视表工具 分析"选项卡"活动字段"组中单击"折叠字段"按钮即可折叠字段,如图10-8所示。此外,还可以单击"地区"字段单元格左侧的⊞和⊟按钮进行展开或折叠。

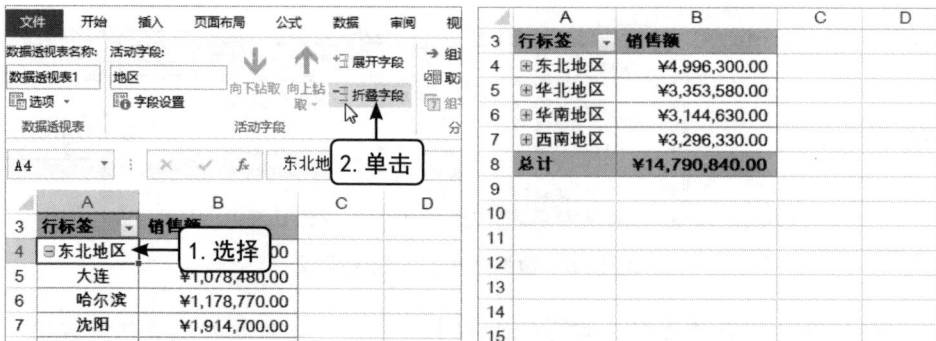

图10-8 折叠字段后的效果

10.1.2 按地区汇总各地的销量总额

对于普通的分析工具，如果需要调整分析目标则需要从头开始分析，而数据透视表则不同，这也是其优势。销售人员可以通过对数据透视表的结构进行重新布局，从而实现分析其他内容的目的。

前一个案例主要分析不同地区不同城市的产品销售额，下面具体介绍在前一个案例的基础上重新布局数据透视表，按地区汇总各地的销量总额，具体操作如下。

实例分析 按地区汇总各城市的销售额数据

打开"年度产品销售统计表 1"工作簿，在"Sheet1"工作表中选择任意数据单元格，在打开的"数据透视表字段"窗格中将行区域中的"区域"字段拖动到列区域中完成数据透视表布局，如图 10-9 所示。

选择数据透视表中任意数据单元格，在"数据透视表工具 设计"选项卡"布局"组中单击"总计"下拉按钮，选择"仅对列启用"选项，如图 10-10 所示。

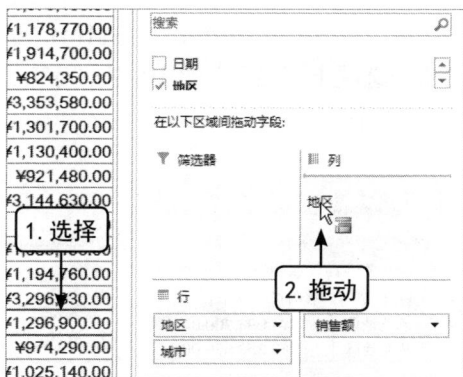

图 10-9　布局数据透视表　　　　　图 10-10　设置数据透视表格式

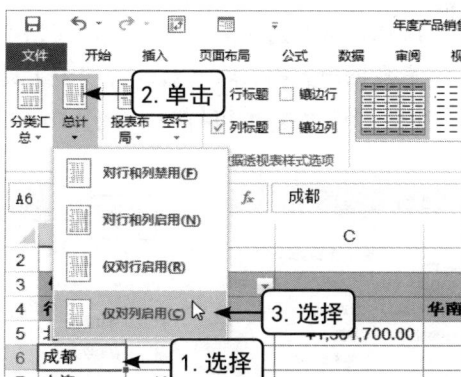

完成设置后，在数据透视表中即可查看按地区汇总各城市的销售额数据，如图 10-11 所示。

图 10-11　设置结果

知识延伸 打开"数据透视表字段"窗格

　　默认情况下，创建数据透视表以后，"数据透视表字段"窗格处于打开状态，当用户选择数据透视表任意单元格即可打开该窗格，但是如果用户单击该窗格右上角的关闭按钮将其关闭，如图 10-12（左）所示。再次选择数据透视表单元格，该窗格不会打开，这时需要手动打开，选择任意数据单元格，在"数据透视表工具 分析"选项卡"显示"组中单击"字段列表"按钮即可打开，如图 10-12（右）所示。

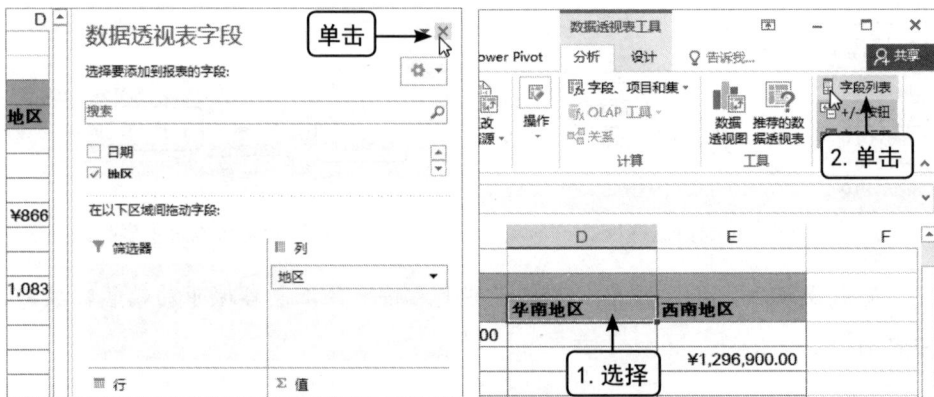

图 10-12　设置"数据透视表字段"

10.1.3　计算各种产品的平均售价

在通过数据透视表分析销售数据的过程中，是不能够在数据透视表中进行数据移动、修改、删除等操作的，也不能够在数据透视表中使用公式和函数进行计算，而只能通过数据源进行修改。

但许多时候，在创建数据透视表后需要对数据透视表中的字段进行计算，从而获得更多需要的信息，这时就可以使用计算字段实现。

下面具体介绍通过计算字段计算各产品的平均售价情况。

实例分析 通过计算项计算产品平均售价

打开"年度产品销售统计表 2"工作簿，在打开的"数据透视表字段"窗格中将行区域中将"商品"字段拖动到行区域，将"销售额"和"销售量"字段拖动到值区域进行布局，如图 10-13 所示。

通过查找替换功能将"求和项："替换为空格，选择 C4:C9 单元格区域，在"开始"选项卡"数字"组中单击"数字格式"文本框右侧的下拉按钮，选择"常规"选项，如图 10-14 所示。

图 10-13　布局行区域和值区域

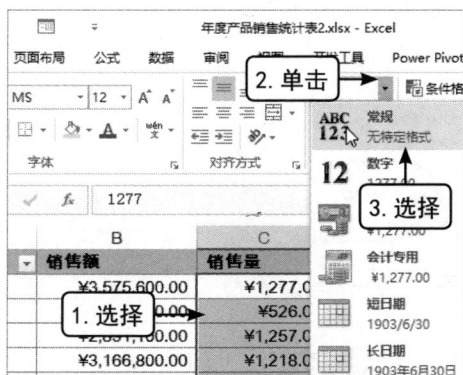

图 10-14　设置"数字格式"

选择数据透视表中任意数据单元格，在"数据透视表工具 分析"选项卡"计算"组中单击"字段、项目和集"下拉按钮，选择"计算字段"命令，如图 10-15 所示。

在打开的"插入计算字段"对话框中的"名称"文本框中输入"平均销售价格"文本，在"公式"文本框中输入"="，在"字段"列表框中选择"销售额"选项，单击"插入字段"按钮，如图10-16所示。

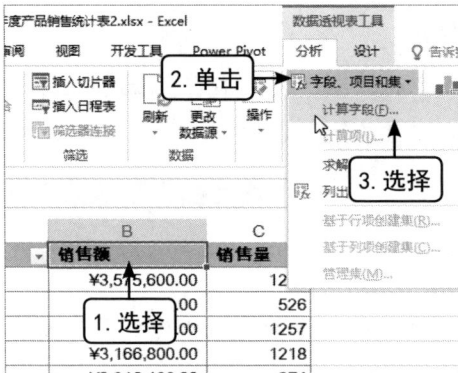

图 10-15　设置"计算字段"内容

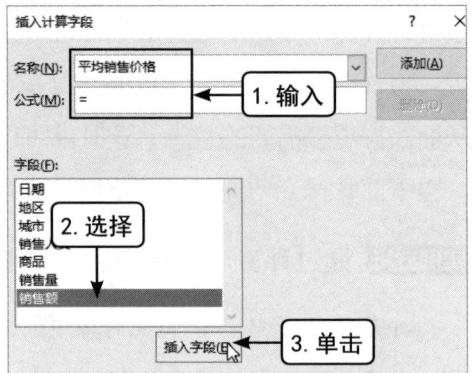

图 10-16　设置"插入计算字段"

继续在"公式"文本框中输入"/"，在"字段"列表框中选择"销售量"选项，单击"插入字段"按钮，如图10-17所示，然后单击"确定"按钮添加计算字段。

双击D3单元格，在打开的"值字段设置"对话框中将"值字段名称"文本框中的"求和项："替换为空格，如图10-18所示。

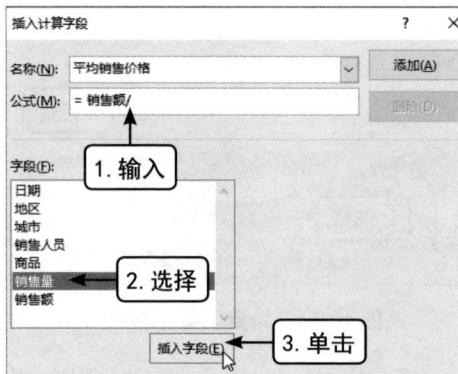

图 10-17　添加计算字段

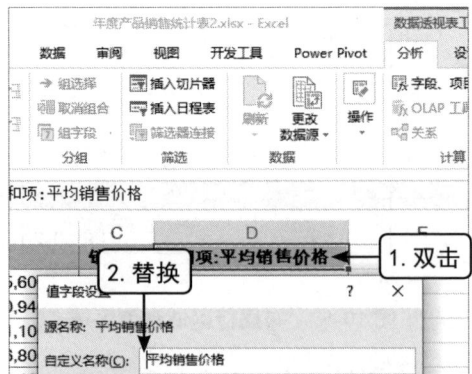

图 10-18　设置"值字段名称"

完成设置后，在数据透视表中即可查看各种产品的平均销售价格，如图10-19所示。

	A	B	C	D	E
3	行标签 ▼	销售额	销售量	平均销售价格	
4	变频节能空调	¥3,575,600.00	1277	¥2,800.00	
5	厨房大吸力油烟机	¥1,940,940.00	526	¥3,690.00	
6	全面屏网络电视	¥2,891,100.00	1257	¥2,300.00	
7	时尚双门家用冰箱	¥3,166,800.00	1218	¥2,600.00	
8	洗烘一体家用洗衣机	¥3,216,400.00	374	¥8,600.00	
9	总计	¥14,790,840.00	4652	¥3,179.46	
10					
11					
12					
13					

图 10-19　查看平均销售价格

知识延伸 查看计算公式

销售人员除了要掌握计算字段的使用方法，在查看数据透视表时，如果还想要了解数据透视表中的计算字段使用的公式，只需要选择数据透视表中任意数据单元格，在"数据透视表工具 分析"选项卡"计算"组中单击"字段、项目和集"下拉按钮，选择"列出公式"选项即可，如图 10-20 所示。

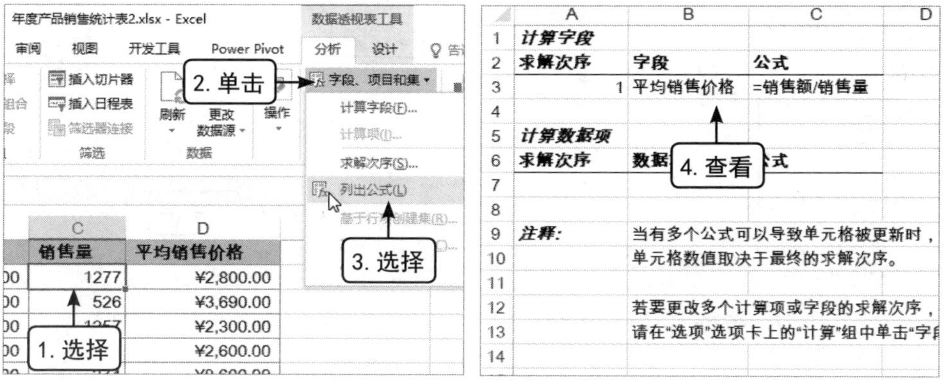

图 10-20　查看公式

10.1.4　通过筛选器动态查看销量情况

在普通图表中要动态查看表格数据需要进行设置，而在数据透视表中则可以轻松实现。数据透视表中自带了筛选器功能，通过筛选器可以实时动态查看报表数据。

下面通过对"地区"和"商品"字段进行筛选,动态查看各城市的销售数据,具体操作如下。

实例分析 查看东北和西南地区变频节能空调各地销售额

打开"年度产品销售统计表 3"工作簿,在"Sheet1"工作表中打开的"数据透视表字段"窗格中行区域中的"地区"和"商品"字段拖动到筛选器区域,将"城市"字段拖动到行区域,将"销售额"字段拖动到值区域进行布局,如图 10-21 所示。

单击数据透视表上方 B1 单元格右下角的筛选按钮,在打开的筛选面板中选中"选择多项"复选框,在上方仅选中"东北地区"和"西南地区"复选框,单击"确定"按钮,如图 10-22 所示。

图 10-21　布局行区域和值区域

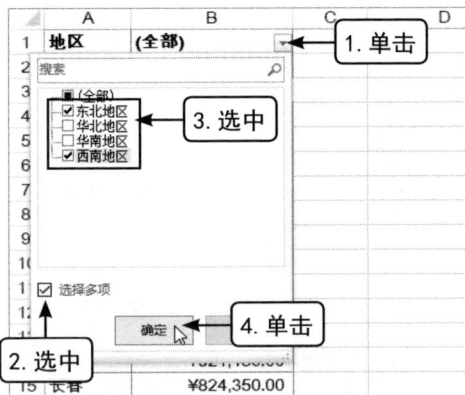

图 10-22　设置"区域"

单击 B2 单元格右下角的筛选按钮,在打开的筛选面板中选择"变频节能空调"选项,单击"确定"按钮,如图 10-23 所示。

完成设置后,在数据透视表中通过筛选器即可查看东北和西南地区变频节能空调各地销售额,如图 10-24 所示,不需要再单独进行查看,可大幅提高工作效率。

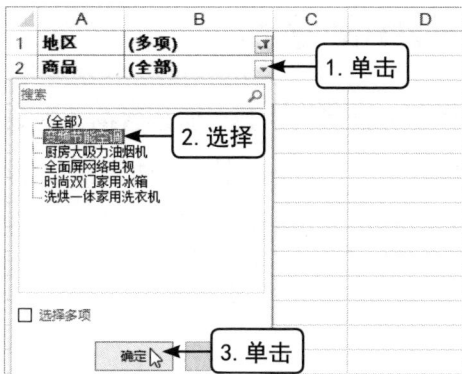

图 10-23　选择某个产品

图 10-24　设置效果

知识延伸　通过切片器筛选数据

在上述案例中要实现动态查看各城市的销售数据，还可以通过数据透视表中的切片器实现。

首先如图 10-21 所示进行数据透视表布局，选择任意数据单元格，在"数据透视表工具 分析"选项卡"筛选"组中单击"插入切片器"按钮，在打开的对话框中选中"地区"和"商品"复选框，如图 10-25 所示，单击"确定"按钮，然后在"地区"筛选器中单击"东北地区"按钮，按住【Ctrl】键单击"西南地区"按钮，在"商品"切片器中单击"变频节能空调"按钮即可完成数据筛选，如图 10-26 所示。

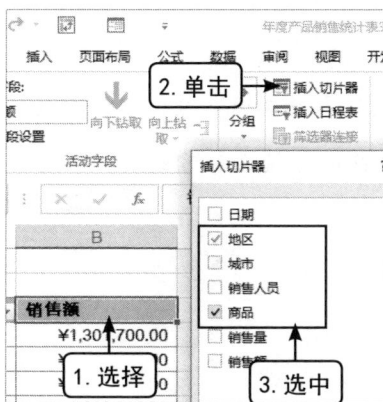

图 10-25　设置切片器

图 10-26　筛选后的结果

10.2　公司年度销售情况图表分析

数据透视表虽然功能强大，数据处理和分析能力较强，但是数据透视表也存在一定的问题，不能直观反映数据的变化情况。例如比较数据大小、查看数据占比以及查看数据变化情况等，这时可以考虑使用数据透视图。本节将介绍通过数据透视图分析企业销售情况。

10.2.1　商品月销售额走势分析

对于某些商品，月份、天气等对其销售情况会产生较大影响，而这些情况通过数据透视表数据往往难以直观了解，这时就可以考虑使用数据透视图分析各月份商品销售走势情况。

需要注意的是，数据透视图与普通的图表存在一定的差异，数据透视图的功能更为强大，不只能够进行数据展示，还能够进行数据分析操作。

创建数据透视图主要有两种方法，一种是在现有数据透视表的基础上创建；另一种是根据数据源直接创建，这里主要介绍根据数据源直接创建数据透视图。

下面具体介绍通过折线图分析各种商品各月份的销售额走势情况，具体操作如下。

实例分析 通过折线图展示各月商品销售额走势

打开"年度产品销售统计表 4"工作簿，选择工作表中任意数据单元格，单击"插入"选项卡"图表"组中的"数据透视图"按钮下方的下拉按钮，选择"数据透视图"命令，如图 10-27 所示。

在打开的"创建数据透视图"对话框中选中"新工作表"单选按钮，如图 10-28 所示，然后单击"确定"按钮。

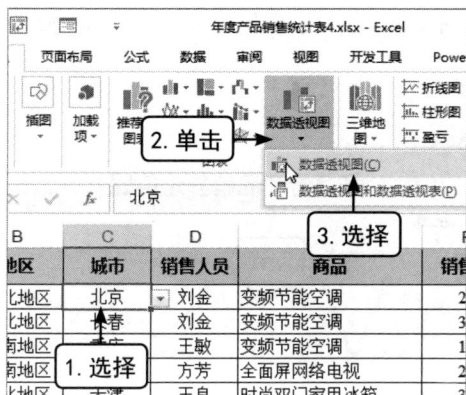

图 10-27　选择数据透视图

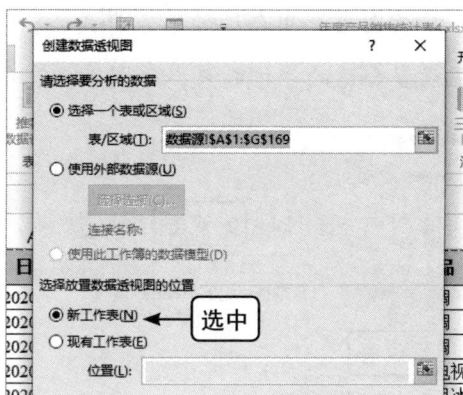

图 10-28　创建数据透视图

在新创建的工作表的"数据透视图字段"窗格中将"商品"字段拖动到筛选器区域，将"月"字段拖动到轴区域，将"销售额"字段拖动到值区域进行布局，如图 10-29 所示。

选择图表，在"数据透视图工具 设计"选项卡"类型"组中单击"更改图表类型"按钮，如图 10-30 所示。

图 10-29　设置筛选器区域

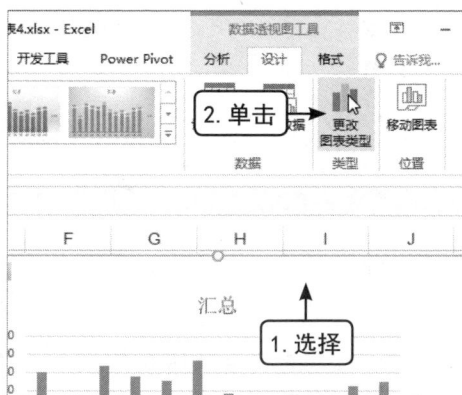

图 10-30　选择"更改图表类型"

在打开的"更改图表类型"对话框中单击"折线图"选项卡，在右侧双击"带数据标记的折线图"按钮更改图表类型，如图 10-31 所示（系统默认创建簇状柱形图）。

为图表套用合适的图表样式，输入图表标题，并为图表标题和坐标轴数据设置合适的字体效果，如图 10-32 所示。

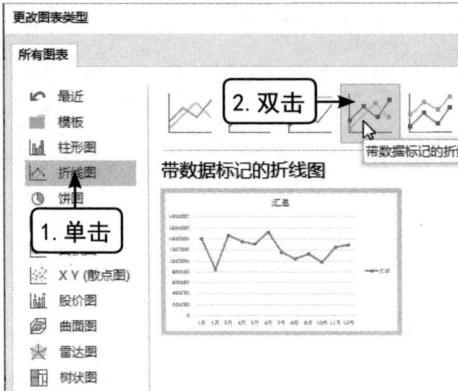

图 10-31　选择"折线图"

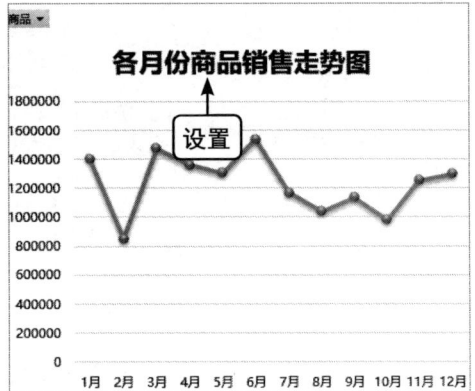

图 10-32　查看效果

然后通过图表中的"商品"筛选按钮即可筛选要在图表中展示的数据，最终效果如图 10-33 所示。

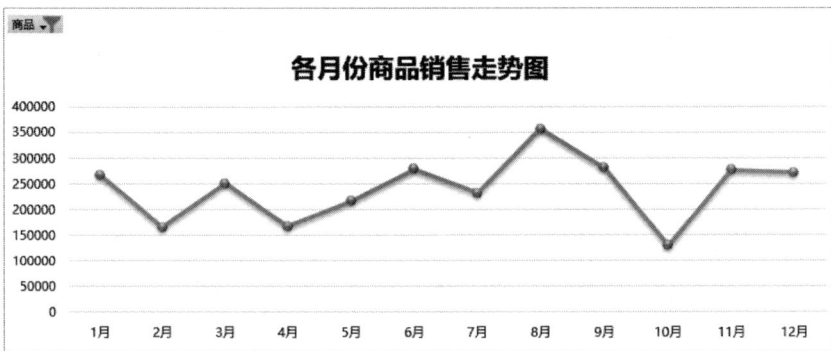

图 10-33　筛选后的效果

10.2.2　公司月销售额结构分析

企业进行产品销售的目的是赚取收益，因此了解每月各种产品的销售占比情况十分有必要，能够帮助企业了解销售额的具体构成情况，更加了解产品销售状况。

下面介绍通过布局数据透视表分析各产品的月销售额情况，然后通过数据透视图进行分信息与展示。

实例分析 通过饼图分析各月商品销售额占比

打开"年度产品销售统计表 5"工作簿，在"数据透视表字段"窗格中先选中再取消选中"日期"字段复选框，然后分别将"月"字段、"产品"字段和"销售额"字段分别进行布局，如图 10-34 所示。

选择数据透视表任意数据单元格，在"数据透视表工具 分析"选项卡"工具"组中单击"数据透视图"按钮，如图 10-35 所示。

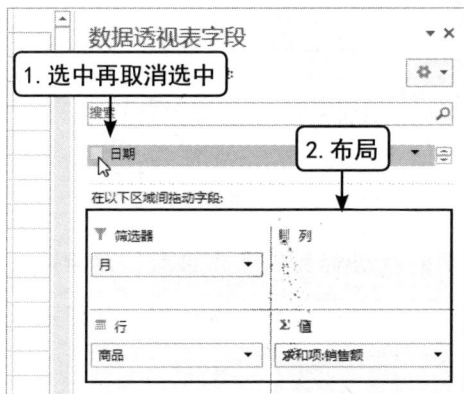

图 10-34　布局"数据透视表字段"　　　　图 10-35　生成数据透视图

知识延伸 数据透视表的刷新

销售人员在完成数据透视表的设计后，如果数据透视表的数据源发生了变化，则需要手动对数据透视表进行刷新，否则分析结果和数据源会存在误差。

"数据透视表工具 分析"选项卡的"数据"组中存在刷新、全部刷新和更改数据源三种功能，其中，刷新是只刷新当前工作表中的数据透视表；全部刷新是刷新整个工作簿中的数据透视表；更改数据源是可以为数据透视表重新选择数据源，可以以此进行数据透视表的刷新。

在打开的"插入图表"对话框中单击"饼图"选项卡，在右侧双击"三维饼图"按钮创建三维饼图，如图10-36所示。

然后为图表添加数据标签（操作与普通图表相似），双击图表标签，在打开的"设置数据标签格式"窗格的"标签选项"栏中仅选中"百分比"复选框，如图10-37所示。

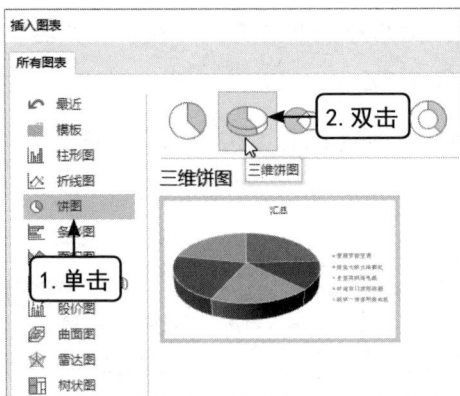

图 10-36　选择图表样式

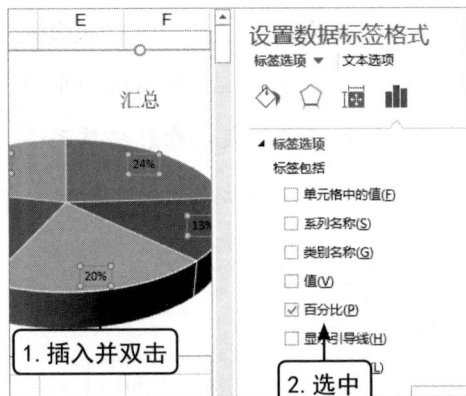

图 10-37　设置数据标签格式

为图表设置合适的标题，并设置标题和数据标签的字体格式，然后通过图表中的"月"筛选按钮即可筛选需要在图表中展示的月份数据，最终效果如图10-38所示。

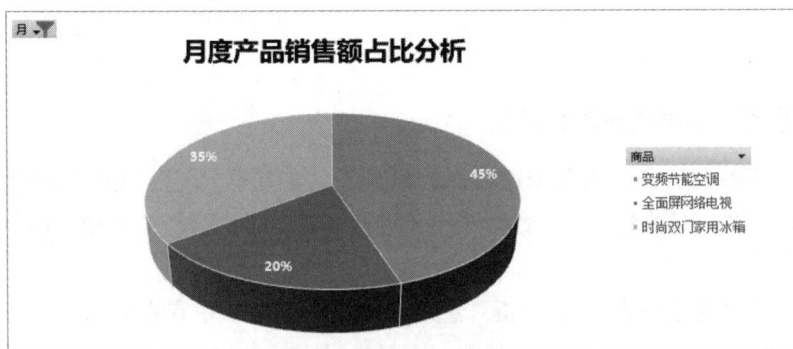

图 10-38　显示效果